SCHWÄBISCHE ALB

W0071533

Ute und Peter Freier

Mit Tourenkarten zum Heraustrennen

DIE AUTOREN
Ute Freier (geb. 1949) und Peter Freier (geb. 1946) erkunden seit 15 Jahren als freie Reisejournalisten Europa, vor allem Mitteleuropa und Skandinavien. Bisher haben sie etwa 40 Wander-, Rad- und Reiseführer veröffentlicht.

Ein kostenloses Gesamtverzeichnis erhalten Sie beim
Bruckmann Verlag
D-81664 München

www.bruckmann.de

Lektorat: Dr. Renate Dernedde, Diana Thaler
Layout: Der Buchmacher, Arthur Lenner, München
Kartografie: Anneli Nau, München
Herstellung: Thomas Fischer

Alle Angaben dieses Werkes wurden von den Autoren sorgfältig recherchiert und auf den aktuellen Stand gebracht sowie vom Verlag geprüft. Für die Richtigkeit der Angaben kann jedoch keine Haftung übernommen werden. Für Hinweise und Anregungen sind wir jederzeit dankbar. Bitte richten Sie diese an:
Bruckmann Verlag
Lektorat
Innsbrucker Ring 15
D-81673 München

Motiv der Umschlagvorderseite: Die Burg Hohenzollern
S. 1: Donaudurchbruch bei Fridingen a. d. Donau
Bildnachweis: Alle Fotos von Peter Freier. Ausnahme S. 8: Schwäbischer Albverein

Die Deutsche Bibliothek – CIP Einheitsaufnahme
Ein Titeldatensatz für diese Publikation ist bei der Deutschen Bibliothek erhältlich.

2., aktualisierte Neuauflage 2006
© 2001 Bruckmann Verlag, GmbH, München

Alle Rechte vorbehalten.
Printed in Italy by Printer Trento S.r.l.
ISBN 3-7654-3734-4

PIKTOGRAMME ERLEICHTERN DEN ÜBERBLICK:

Schwierigkeitsgrad:

◯ leicht

◑ mittel

● anspruchsvoll

🏃 Weglänge

🕐 Gehzeit

⛰ Höhenunterschied

☺ kindgerecht

ZEICHENERKLÄRUNG ZU DEN TOURENKARTEN

⎯⎯ A4 ○ 9 ⎯⎯	Autobahn	❋ ✺		Aussicht
⎯⎯ 40 ⎯⎯	Hauptstraße	⊠ ⌂		Einkehr/Hütte
⎯⎯⎯⎯	Landstraße			Kirche/Kloster
════════	Nebenstraße/Ortsstraße			Turm
════════	Fahrwege			Museum
⎯⎯⎯⎯	Forstweg			Therme
⎯ ⎯ ⎯ ⎯	Fußpfad			Denkmal
━■━□━■━	Bahnlinie mit Bahnhof			Schloss/Burg/Ruine
Ⓐ⎯➤⎯Ⓔ	Tourenführung mit Anfangs- und Endpunkt			Höhle/Grotte
⎯ ⎯ ⎯ ⎯	Tourenvariante			Prähistorische Fundstelle
Marbach	Sehenswerter Ort/Stadt			Strand
▲	Gipfel	Ⓒ		Camping
⎵	Pass	⊠		Rastplatz
◆ ▼	Quelle/Wasserfall	ⓘ		Information
🅿	Parkmöglichkeit	+		Bildstock
Ⓗ 🚌	Bushaltestelle / Bus	♦		Markanter Baum
▭ 🚃	Bahnhof / Zug	✳ ✳		Landschaftlicher Höhepunkt/ Sehenswert
Ⓔ Ⓐ	Anfangs-/Endpunkt	✿		Mühle
➤	Richtungspfeil	✈		Flughafen
❿	Touren-Nr.	⋈		Tunnel
⊢━━┪	Seilbahn	→		Randhinweispfeil
⎯ 🚶 ⎯	Fernwanderweg	▲ N 0 — 1 km		Maßstableiste (1 : 100 000)

INHALT

*links:
Das roman-
tische
Schloss
Lichten-
stein*

*Überall
am
Albtrauf
lösen
sich Fels-
passagen,
die eines
Tages als
Bergsturz
abrut-
schen
werden.*

Der Schwäbische Albverein

Der Schwäbische Albverein ist mit 117 500 Mitgliedern der größte europäische Wander-verein. Vom Taubergrund bis zum Bodensee und vom Schwarzwaldrand bis zum Ries bietet er ein überregionales Wegenetz von ca. 23 000 km, das zu landschaftlichen und kulturhistorischen Höhepunkten führt und einheitlich ausgeschildert ist. Es wird ehrenamtlich be-treut und steht jedem, der zu Fuß unterwegs ist, zur Verfügung. Die geballte Wanderkompetenz der aktiven Vereinsmitglieder schlägt sich in einem abwechslungsreichen Wanderangebot nie-der, das die Bedürfnisse und Ansprüche jeder Altersgruppe berücksichtigt. Veranstalter sind sowohl die rund 600 Ortsgrup-pen als auch einzelne Fachbereiche des Gesamtvereins mit ihren themen- und altersspezifischen Angeboten.

Naturschutz und Kultur

Der Schwäbische Albverein ist ein anerkannter Naturschutzver-band mit qualifizierten und landesweiten Aktivitäten. Zahlreiche Ortsgruppen sind im Naturschutz vor Ort aktiv. Bedeutsam ist seine Funktion als Kulturträger. Viele Bräuche, Feste und Kultur-veranstaltungen werden in den Volkstanz-, Musik-, Sing-, Theater- und Trachtengruppen sowie im Mundartbereich gepflegt. Lernen Sie die Schwäbische Alb bei einer der vielen Wanderungen ken-nen und lieben. Falls Sie noch mehr über sie erfahren möchten, empfehlen wir Ihnen aus unserer Reihe Natur-Heimat-Wandern »Das große Wanderbuch der Schwäbischen Alb« für 21,80 €.

Erwin Abler M. A.
Hauptgeschäftsführer

*Der **Deut-sche Wan-derverband**, der Dachver-band für das Wandern in Deutschland und seine Mitgliedsver-eine halten Ihnen über die Pflege der Wander-wege ein un-vergessliches Wanderer-lebnis bereit. Wir freuen uns, dass Sie die Region und einen Hauch der vielfältigen Arbeit des Schwäbi-schen Albvereins kennen lernen ▲*

Schwäbischer Albverein
Hospitalstr. 21 B
70174 Stuttgart
Telefon: 0711/225 85-0
Telefax: 0711/225 85-92/93
E-Mail:
info@schwaebischer-albverein.de
Internet:
www.schwaebischer-albverein.de

Die Schwäbische Alb

Von Norden aus betrachtet, zeichnet sich die Schwäbische Alb gegen den Horizont ab als »blaue Mauer«, als ca. 400 m hohe Wand ohne markante Gipfel. Fährt man auf einer der Steigen hoch, erreicht man eine weite, sanft gewellte Hochfläche, über die bewaldete Kuppen nur wenige Meter hinausragen und auf der sich schmale Ackerstreifen und grüne Wiesenflächen abwechseln. Hier weiden Rinder, Pferde und Schafe – ein Bergweidegebiet, genauso wie die Alpen, was der Grund dafür ist, dass beide Gebirgszüge einen ähnlichen Namen tragen.

Am Nordrand der Alb sind manche Berge nur noch durch einen schmalen Sattel mit der Albhochfläche verbunden.

Was die Höhen anbetrifft, sind die beiden allerdings nicht zu vergleichen: Nur knapp über 1000 m sind die höchsten Berge der Alb, womit der ca. 250 km lange Höhenzug zu den deutschen Mittelgebirgen zählt. Zwischen Hochrhein und Nördlinger Ries erstreckt sich der plateauartige Höhenrücken in nordöstlicher Richtung. Auffälligstes Merkmal ist der unterschiedliche Charakter der beiden Längsseiten: der Nordrand steil abfallend, der Südrand zum Donautal hin sanft auslaufend.

Zwischen Mühlheim und Sigmaringen hat sich die Donau ein tief eingeschnittenes, felsengesäumtes Tal geschaffen, den imposanten **Donaudurchbruch**. Zusammen mit der Region Großer Heuberg wurde das Durchbruchstal zum **Naturpark Obere Donau** erklärt.

Die Entstehung der Schwäbischen Alb

60 Millionen Jahre lang bedeckte das tropisch warme Jurameer Europa (**Jurazeit:** vor 200–140 Mill. Jahren). Die kalkhaltigen Überreste abgestorbener Meereslebewesen lagerten sich auf dem Boden ab: die heutigen Schichten des Schwarzen, Braunen und Weißen Jura. Unter bestimmten Bedingungen versteinerten die Lebewesen und geben heute als **Fossilien** Aufschluss über die damalige Meeresfauna. Während sich die Kalke des Weißen Jura ablagerten, begannen Kieselschwämme **Schwammriffe** zu bilden, die härter sind als die Kalkschichten. Diese Schwammriffe

Bei Aufschlüssen am Albrand deutlich zu sehen: die durch Ablagerungen im Jurameer entstandenen so genannten geschichteten Kalke.

wurden auf der südlichen Hälfte der heutigen Alb, die vor etwa 25 Mill. Jahren nochmals vom Meer überflutet wurde, durch das Wasser eingeebnet (die so genannte **Flächenalb**); auf der nördlichen Alb ragen sie heute als Kuppen 50–70 m über die Hochfläche hinaus (**Kuppenalb**) oder prägen als freigelegte Felsen (Schwammstotzen) das Landschaftsbild.

Vor 15 Mill. Jahren begann das Gesteinspaket der Alb, die damals flächenmäßig wesentlich größer war, sich als Tafel herauszuheben und nach Südsüdosten abzukippen.

Als Folge der tektonischen Bewegungen setzte **vulkanische Tätigkeit** ein. In rund 350 Klüften zwischen Kirchheim/Teck und Bad Urach stieg glühendes Magma hoch, erstarrte jedoch in den meisten Fällen noch im Berginnern zu Basalt (**Vulkanembryonen**). Diese Schlotfüllungen sind widerstandsfähiger als die umgebenden Jura-Schichten, weshalb sie herausgewittert wurden. Sind sie bereits durch das Rückschreiten des Albtraufs der Alb vorgelagert, erkennt man sie an ihrer kegelförmigen Gestalt (**Härtling**),

Erdgeschichte entdecken

Urwelt-Museum Hauff in Holzmaden: Ausstellung der schönsten Fossilien, die in den Schieferbrüchen von Holzmaden gefunden wurden, u. a. Ichthyosaurier und Seelilien. Naturgetreues Modell der Schiefer-Schichten, lebensgroße Modelle von Sauriern, Videofilm über das Leben im Jurameer; auf dem Freigelände ein Dino-Park mit lebensgroßen Modellen von Jura-Sauriern (ganzjährig Di–So 9–17 Uhr; Tel. 07023/28 73). Besuch eines Schieferbruchs zum Suchen von Fossilien möglich (Anmeldung: Tel. 07023/47 03).

Urweltmuseum Aalen: Ausstellung von über 1500 Versteinerungen aus den Braunjuraschichten der Aalener Bucht. Übersichtliche Schautafeln informieren über die Jurazeit, das Entstehen von Fossilien und die Meteoritenkrater (Di–So 10–12 und 14–17 Uhr; Tel. 0 73 61/65 56).

Fossilienmuseum im Werkforum Dotternhausen: → Tour 4

Meteorkrater-Museum in Steinheim: → Tour 31

Rieskrater-Museum in Nördlingen: → Tour 34

z. B. die Limburg bei Weil-
heim/Teck; sind sie noch im
Albkörper eingebunden, erkennt man sie an einer flachen
Mulde (**Maar**), die durch das
Einsacken der obersten Schicht
nach Dampf-Explosionen entstand. Die langfristigen Folgen
dieses Vulkanismus sind die
Thermalquellen am Fuß der
Alb wie in Bad Urach (→ **Tour
17**) und im Oberen Filstal.
Ebenfalls zu dieser Zeit entstanden durch **Meteoritenein-
schläge** das Nördlinger Ries
und das Steinheimer Becken.

*Auf der
Hochfläche
der Alb – was
in keltischer
Zeit vermut-
lich »Hoch-
weide« be-
deutete – gra-
sen Rinder,
Schafe und
Pferde.*

Verkarstung

Mit der Anhebung der Alb setzte die langsame Aushöhlung von
innen ein, die **Verkarstung**, d. h. einst oberirdische Wasserläufe
versickern und fließen unterirdisch weiter. Ein Vorgang, der sich
nur in Kalk-Gebirgen abspielt, da Kalk durch Säure, wie die Koh-
lensäure im versickernden Regenwasser, gelöst wird. Feinste
Risse im Gestein werden so über Jahrtausende zu Spalten erweitert. Wasser rinnt hindurch, sammelt sich auf einer horizontalen,
wasserundurchlässigen Mergelschicht und fließt zum nächsten

*In den Maa-
ren bildetetn
sich Seen, an
denen Dörfer
entstanden;
eine dieser so
genannten
Hülen ist in
Zainingen er-
halten.*

Gewässer. Dabei wird durch Abschmirgeln der Gang ständig vergrößert, und es entsteht ein ganzes Höhlenstockwerk, bei dem wiederum der Prozess der Verkarstung einsetzt.

Zwei Höhlenstockwerke gibt es zur Zeit im Untergrund der Alb. Das Wasser, das sich im 2. Stockwerk sammelt, tritt nach wenigen Tagen in so genannten **Schichtquellen** aus, z. B. in der Echazquelle (→ **Tour 14**) oder im Filsursprung (→ **Tour 24**). Das Wasser aus dem 1. Höhlenstockwerk benötigt manchmal Jahrzehnte, bis es wieder an die Erdoberfläche dringt in **Quelltöpfen**, wie dem Aachtopf, dem Blautopf (→ **Tour 25**) oder den Quellen der Großen Lauter (→ **Tour 13**) und Kleinen Lauter (→ **Tour 26**).

Die heute zugänglichen **Höhlen** waren Gänge in diesen unterirdischen Höhlenstockwerken, bis sie durch Erosion angeschnitten wurden. Einige sind bereits vollkommen trocken, wie die Bärenhöhle; in anderen, wie der Falkensteiner Höhle, tritt nur noch nach heftigen Regenfällen für wenige Tage wieder ein Höhlenbach aus. Ständig Wasser hingegen führt die Wimsener Höhle, die per Kahn befahren werden kann.

Liegen die Höhlen dicht unter der Erdoberfläche, kann sich das Höhlendach trichterförmig absenken oder einbrechen, wodurch **Dolinen** (Erdfälle) entstehen.

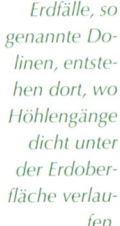

Erdfälle, so genannte Dolinen, entstehen dort, wo Höhlengänge dicht unter der Erdoberfläche verlaufen.

Die schönsten Schauhöhlen

Mehr als 1000 Höhlen gibt es auf der Alb, etwa zehn sind als beleuchtete Schauhöhlen zu bestimmten Zeiten begehbar.

Bärenhöhle bei Sonnenbühl: Knapp 300 m lange Höhle mit großen Hallen und bizarren Tropfsteinen. Hunderte von Bärenknochen aus der Zeit, als Höhlenbären die Höhle zum Überwintern oder Sterben aufsuchten.

Charlottenhöhle bei Giengen-Hürben: Über 500 m lange Höhle mit engen Gängen; gilt aufgrund der eigenartig geformten Tropfsteine als eine der schönsten Schauhöhlen auf der Alb.

Gutenberger Höhlen bei Gutenberg: Dicht beieinander liegen die Gußmannshöhle und die Gutenberger Höhle (→ **Tour 23**).

Laichinger Höhle bei Laichingen: Außergewöhnlich tiefe Höhle, in die man auf Eisentreppen hinuntersteigt; weit verzweigtes System von Schächten und kaminartigen Öffnungen.

Nebelhöhle bei Sonnenbühl-Genkingen: Auf 380 m begehbare Tropfsteinhöhle mit fünf Hallen (→ **Tour 14**).

Schertelshöhle bei Westerheim: Gut 200 m weit begehbare Höhle mit Tropf- und Kalksintersteinen (→ **Tour 24**).

Sontheimer Höhle bei Heroldstatt-Sontheim: Auf knapp 200 m begehbare Höhle mit geräumigem Gang im vorderen Teil; nach 70 m durch Engstelle Zugang zum inneren Teil; bizarr geformte Tropfsteine; älteste Schauhöhle Deutschlands.

Wimsener Höhle bei Zwiefalten: Einzige noch aktive Flusshöhle auf der Alb (→ **Tour 9**).

Der Kalk, der im Wasser mittransportiert wird, wird wieder ausgeschieden, sobald sich das Wasser geringfügig erwärmt. So bauen sich über Jahrtausende daraus in Höhlen **Tropfsteine** auf und entsteht im Bereich von Quellen **Kalktuff** (Kalksinter) wie am Uracher und am Gütersteiner (→ **Tour 17**) sowie am Neidlinger Wasserfall (→ **Tour 22**).

Erosion

Der urspüngliche Albrand, der etwa auf Höhe von Stuttgart verlief, wird durch **Erosion** ständig zurückversetzt: im Durchschnitt um 2 m in 1000 Jahren. Wie die Erosion unaufhaltsam fortschreitet, sieht man eindrucksvoll bei den **Höllenlöchern** im Ermstal (→ **Tour 18**), am Gespaltenen Fels am Schafberg (→ **Tour 4**) oder am Hangenden Stein beim Raichberg (→ **Tour 7**), wo tiefe senkrechte Klüfte entstanden. Hier sickert Wasser ein, gefriert im Winter, dehnt sich aus, wodurch sich die Risse vergrößern. Die darunter liegenden Mergelschichten quellen auf und wirken wie eine glitschige Bahn, auf der die abgerissenen Felsen rutschen.

Wall und Graben, der sogenannte Heidengraben, schützten das keltische »oppidum« auf der Grabenstettener Berghalbinsel; eines der Tore wurde z. T. rekonstruiert.

Spuren der Besiedlung

Steinzeitjäger, die vor Zehntausenden von Jahren über die Alb streiften und in den Höhlen Schutz vor unwirtlichem Wetter suchten, hinterließen Spuren in Form einfacher Steinwerkzeuge, aber auch kleiner **Figuren aus Mammut-Elfenbein**, die ihre gefährlichsten Jagdtiere wie Bison, Mammut und Höhlenlöwe darstellen. Diese Figürchen wurden bei Grabungen vor allem in den Höhlen im Lonetal (→ **Tour 33**) und im Blautal (→ **Tour 25**) gefunden. Sie gelten als die ältesten Kunstwerke der Menschheit und werden auf ca. 30 000 Jahre datiert.

Die Kelten legten **Wälle und Gräben** an, um ihre Höhensiedlungen z. B. auf dem Gräbelesberg (→ **Tour 5**), der Grabenstettener Berghalbinsel (→ **Tour 20**) und der Heuneburg zu schützen. Die Römer bauten Straßen und **Gutshöfe** wie die »villa rustica« bei den Ofnethöhlen (→ **Tour 34**). Die Alamannen gründeten **Haufendörfer**, heute noch erkennbar an der Endung der Ortsnamen auf -ingen und -stetten. Die adligen Grundherren des Mittelalters errichteten **Burgen**, vor allem auf den Felskanten der Täler von Donau und Großer Lauter und auf Zeugenbergen wie Staufen

Die schönsten Burgruinen

Helfenstein: Oberhalb von Geislingen/Steige; Blick auf Geislingen; Grillstelle, an Wochenenden Kiosk (→ Tour 27).

Hohengundelfingen: In exponierter Lage an der Talkante des Großen Lautertals (→ Tour 12).

Hohenneuffen: Größte Burgruine der Alb, am nördlichen Albrand gelegen; Blick über das Albvorland; Burgrestaurant und Biergarten im Burghof (→ Tour 19).

Hohenrechberg: Eindrucksvolle Ruine am Nordostrand der Alb; Dokumentationsraum zur Stauferzeit und Burgschenke (→Tour 28).

Hohenurach: Auf Bergkegel oberhalb von Bad Urach gelegen; Blick auf Ermstal und Albtrauf (→ Tour 17).

Reußenstein: exponierte Lage auf steil abfallendem Fels über dem Neidlinger Tal (→ Tour 22).

Teck: Auf der Albhochfläche vorgelagertem Bergkegel oberhalb von Owen; Albvereins-Wanderheim und Burggaststätte (→Tour 21).

und Zoller. In späteren Jahrhunderten wurden manche ausgebaut zu komfortablen **Schlössern**, z. B. in Sigmaringen, oder im 19. Jh. um- und neu aufgebaut wie Schloss Hohenzollern (→ **Tour 7**) und Schloss Lichtenstein (→ **Tour 14**).

Bevorzugte »Bauplätze« adliger Herren im Mittelalter: Felsen am Talrand; hier Burg Werenwag im Donautal.

Vegetation

Im Albvorland blühen im April die Obstbäume auf den so genannten **Streuobstwiesen**, wo die Bäume wie locker über die Wiese »gestreut« erscheinen. Erst zwei bis drei Wochen später beginnt die Blüte auf der Hochfläche, wo es generell kühler ist.

Dort wurde vermutlich seit ca. 2000 v. Chr. durch die ersten Siedler der ursprüngliche **Laubwald** auf den Albhang und die Kuppen zurückgedrängt. Aus den Äckern wurden Steine ausgelesen und am Feldrain abgelagert. Sträucher siedelten sich an, u. a. Schlehe, Weißdorn und Hunds-Rose; **Feldhecken** entstanden.

Wo Ackerbau aufgrund des steinigen Bodens und zu kurzer Sommer nicht möglich war, entwickelte sich die Wanderschäferei. Als *Auf den Streuobstwiesen am Fuße der Alb stehen vor allem Kirsch- und Apfelbäume.* Folge ständiger Beweidung wurden aus Waldgebieten **Wacholderheiden**: Flächen, auf denen vor allem Wacholder, Wildrose, Schlehe, Weißdorn, Heuhechel sowie verschiedene Distelarten wachsen – Pflanzen, die durch Stacheln, Dornen, bitteren Geschmack oder extremes Anschmiegen an den Boden vor dem Verbiss durch Schafe sicher waren.

Auf baumfreien, exponierten Felsköpfen ist es im Winter sehr kalt und im Sommer extrem heiß. In den schmalen Felsenritzen wachsen seltene Pflanzen der Pflanzengesellschaft **Steppenheide**, u. a. Berglauch und Traubensteinbrech.

Erholungsgebiet Alb
Anfang des 19. Jh. machten sich die ersten Touristen auf in Richtung Schwäbische Alb. Ihr Ziel waren die **Höhlen**, denn der Besuch des württembergischen Königs in der Nebelhöhle sowie Wilhelm Hauffs Roman »Lichtenstein« hatten einen wahren Höhlenenthusiasmus ausgelöst. Auch heute noch sind die Höhlen, neben den Burgen, die beliebtesten Ausflugsziele.
Die meisten Touristen jedoch besuchen die Alb, um hier zu **wandern**. Mehr als 20 000 km Wanderwege stehen ihnen zur Verfügung, markiert und angelegt durch den im Jahr 1888 gegründeten **Schwäbischen Albverein**, der auch Aussichtstürme erbaute und Wanderheime unterhält. Hauptwanderwege ermöglichen mehrtägige Fernwanderungen (→ **Reise-Informationen**).
Immer beliebter wurde in den letzten Jahren auch das **Radfahren**. Radwege wurden angelegt und beschildert, Radwanderfüh-

Die Alb ist als Naherholungsgebiet sowohl bei Wanderern als auch bei Radfahrern beliebt; viel besucht ist z.B. das Felsenmeer bei Bartholomä.

rer herausgegeben von einzelnen Regionen und Landkreisen sowie von der Touristik-Gemeinschaft Schwäbische Alb (Radwanderführer »Radeln à la carte«).

Tipp

Radtouren: Mehrtägige Streckentouren ermöglichen die **Radwanderwege Baden-Württemberg**. Im Bereich der Alb sind dies der Alb-Neckar-Weg von Eberbach nach Ulm; der Schwäbische-Alb-Weg von Nördlingen zum Bodensee; der Hohenlohe-Ostalb-Weg zwischen Rothenburg ob der Tauber und Ulm; der Hohenzollern-Weg vom Neckartal zum Bodensee sowie der viel befahrene Donau-Radweg von Donaueschingen nach Ulm.

Naturschutz

Die steigende Zahl der Erholungssuchenden machte es notwendig, die Natur zu schützen. Zum Schutz seltener Pflanzen und bestimmter Vögel wie Uhu, Wanderfalke und Kolkrabe wurde das Klettern an einigen Felsen beschränkt und werden Wanderer mittels Informationstafeln gebeten, manche **Felsköpfe** nicht zu betreten. Zahlreiche **Höhlen** werden im Winter (meist zwischen November und Mitte April) durch Gittertore geschlossen, um gefährdete Fledermäuse zu schützen. Auf der **Großen Lauter** wurde das Kanufahren beschränkt auf Werktage zwischen Juli und September.
In den besonders stark besuchten Gebieten wird für die Benutzung **öffentlicher Verkehrsmittel** vor allem an Sonntagen geworben, z. B. für den »Naturpark-Express« im Donautal, der an jedem Sonntag im Sommer fährt und wie früher an jedem kleinen Bahnhof hält, für die Schwäbischen Eisenbahnen zwischen Tübingen und Ulm und für den Freizeitbus im Großen Lautertal.

Wacholderheiden entstanden durch die Beweidung durch Schafe; hier: Digelfeld bei Hayingen

Zur Pflanzen-gesellschaft Steppenheide gehört der zwischen März und Juli blühende blaue Früh-lings-Enzian.

Essen und Trinken

Die in den Alb-Gasthäusern angebotenen regionalen Spezialitä-ten sind Gerichte, die im gesamten Schwabenland auf den Tisch kommen.

Spätzle sind Teigwaren aus Mehl, Eiern und Wasser, möglichst handgeschabt über das Brett, werden als Beilage gereicht z. B. zu Linsen und Saitenwürstchen, zu Saure Nierle oder zu Wildge-

Schilder ma-chen auf schwäbische Gasthäuser aufmerksam.

richten oder stellen eine sättigende Mahl-zeit dar in Form von Leberspätzle (dem Spätzleteig wird fein gehackte Leber beige-fügt) oder Kässpätzle mit geriebenem Käse und Röstzwiebeln.

Maultaschen sind Teigtaschen, traditionell mit einer Füllung aus Zwiebeln, Speck, Bratwurstbrät und Spinat und in Fleisch-brühe gekocht. Sie werden entweder in Fleischbrühe serviert, geschmälzt mit Zwie-beln oder angebraten und mit aufgeschla-genen Eiern vermischt. Neuere Kreationen sind Maultaschen in Tomatensauce, mit Spi-nat und Käse überbacken oder gar Rehmaultaschen und Fischmaultaschen.

»Alblamm« kommt in manchen Gasthäusern als regionale Spezialität auf den Tisch.

In zahlreichen Kleinbrennereien werden aus heimischen Früchten Schnäpse hergestellt.

Beliebte Fleischgerichte sind: Schwäbischer **Rostbraten**, serviert mit Maultaschen, Schupfnudeln und Sauerkraut; **»gemischter Braten«**, Scheiben von Rind- und Schweinebraten; **Lamm**, z. B. im Kräutermantel. Lammfleisch wird vor allem von solchen Köchen angeboten, die großen Wert auf heimische Produkte legen und »Alblamm« schätzen. Aus heimischen Flüssen oder Zuchtbecken stammen die beliebten **Forellen**.

Bei der kalten Brotzeit, dem so genannten **Vesper**, hat man meist die Auswahl zwischen Vesperplatte (dicke Scheiben von Leberwurst, Presswurst, frischer oder geraucher Schinkenwurst mit deftigem Bauernbrot), Schwäbischem Wurstsalat (in Scheiben geschnittene schwarze Wurst, angemacht mit Zwiebelwürfeln, Essig und Öl, meist ergänzt durch Fleischwurstscheiben) und Tellersülze mit Bratkartoffeln.

Dazu passt ein Krug **Most**, ein aus Äpfeln und Birnen hergestelltes Getränk, ein »Viertele« **Württemberger Wein**, der am Nordrand der Alb zwischen Neuffen und Metzingen angebaut wird; oder ein Glas **Schnaps**, hergestellt aus dem Obst der Streuobstwiesen in zahlreichen Kleinbrennereien vor Ort.

Gasthof Friedrichshöhle mit Mühlen-Stauweiher nahe der Wimsener Höhle.

Empfehlenswerte Gasthäuser und Restaurants

Auswahl einiger Gastronomiebetriebe, die ihrer Lage, Küche oder Ausstattung wegen einen Besuch lohnen:

Bad Ditzenbach, Ortsteil Gosbach: Gasthaus Hirsch: Ländliches Restaurant in Fachwerkhaus; eigene Kreationen durch Verwendung heimischer Zutaten in

Gasthof Friedrichshöhle

Küche und Brennerei (Tel. 07335/9 63 00).

Denkingen: Höhenrestaurant Klippeneck: Gepflegtes Restaurant mit Terrasse in Aussichtslage; deutsche Küche (Tel. 07424/9 81 94-0).

Lenningen-Schlattstall: Gasthaus Hirsch: Gemütlich-schwäbisches Gasthaus in kleinem Dorf; gute regionale Küche, Gerichte je nach Jahreszeit; eigene Brennerei (Tel. 07026/72 16).

Lichtenstein-Honau: Rössle: Bekannt für seine Forellen aus eigener Zucht; schöne Terrasse (Tel. 07129/9 29 70).

Münsingen: Gasthof Herrmann: Gemütliches, gepflegtes Restaurant in Fachwerkhaus am Marktplatz; regionale, gutbürgerliche Küche; Spezialitäten: Gerichte vom Alblamm (Tel. 07381/22 02).

Neuffen: Burggaststätte Hohenneuffen: Rustikales, gepflegtes Restaurant in der Burgruine; internationale und verfeinerte schwäbische Küche; Panoramablick; kleine Terrasse im Burghof (Tel. 07025/22 06).

Schlat: Gasthof Lamm: Gemütlicher Traditions-Gasthof in Fachwerkhaus; eigene Brennerei; Kreationen neuer Getränke aus Streuobst; traditionelle schwäbische Küche und Wildgerichte (Tel. 07161/9 99 02-0).

Salach: Burgrestaurant Staufeneck: Gourmet-Restaurant mit kreativer Küche, zahlreiche Fischgerichte; herrlicher Ausblick von Gasträumen und Terrasse (Tel. 07162/93 34 40).

Sonnenbühl-Erpfingen: Gasthaus Hirsch: Stilvolles Restaurant in ruhigem Dorf; gelobte Feinschmeckerküche; Gartenterrasse (Tel. 07128/9 29 10).

Zwiefalten: Gasthof Friedrichshöhle: Traditionelle Gaststätte in ehemaligem Mühlenhof bei der Wimsener Höhle; schwäbische Küche, Spezialität: fangfrische Forellen aus dem eigenen Mühlen-Stauweiher (Tel. 07373/91 52 60).

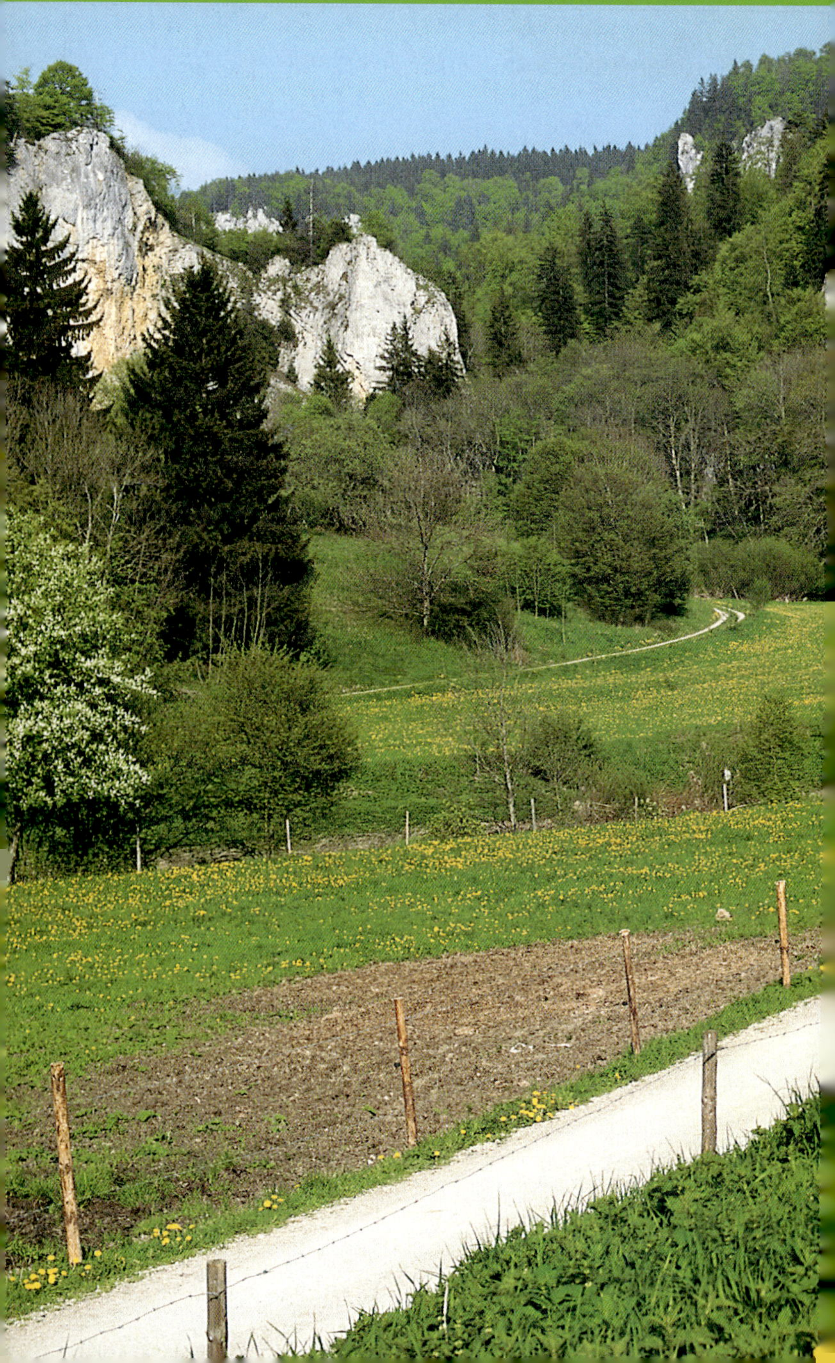

Beein-
druckend ist
das felsige
Donaudurch-
bruchstal bei
Fridingen.

1 Zum Kloster Beuron im Donautal

Das Durchbruchstal der Donau: Fridingen an der Donau – Knopfmacherfels – Kloster Beuron – Donauversickerung – Fridingen

 mittel

 16 km

 4 ½ Std.

 ↑ 390 m ↓ 390 m

☺ ab 10

Tourencharakter: Landschaftlich reizvolle Rundwanderung an der Hangkante des Donautals und entlang der Donau.
Beste Jahreszeit: Ende April–Okt.
Ausgangspunkt: Fridingen a. d. Donau.
Endpunkt: Wie Ausgangspunkt.
Wanderkarte: LVA B-W-Freizeitkarte 526 (Sigmaringen), 1:50 000.
Markierung: Gelbes Dreieck, rote Gabel, rote Raute, rotes Dreieck.
Verkehrsanbindung: PKW: A 81 Stuttgart–Singen, Ausfahrt Tuningen; B 523 nach Tuttlingen und in Richtung Donautal/Beuron nach Fridingen a. d.

Donau; Parkplatz hinter Rathaus/Kirche. **Bahn:** Linien Tuttlingen–Ulm und Tuttlingen–Sigmaringen. **Bus:** Linien Tuttlingen–Fridingen und Sigmaringen–Fridingen, Haltestelle Bären.
Einkehr: Gaststätten in Fridingen; Berghaus Knopfmacher (kein Ruhetag); Gaststätten in Beuron; Gaststätte Jägerhaus (Ruhetag Di); Gaststätte Ziegelhütte (Mai–Okt., kein Ruhetag).
Unterkunft: In Fridingen u. a. Landhaus Donautal (Tel. 07463/4 69).
Tourist-Info: Rathaus, 78565 Fridingen a. d. D., Tel. 07463/8 37-0, Fax 8 37 50, Internet www.donau-heuberg.de

Das Gehöft Ziegelhütte – beliebte Einkehrmöglichkeit - ist eines der wenigen Gebäude im autofreien Abschnitt des Donautals.

Höhepunkte dieser Wanderung sind die Ausblicke von Felsköpfen und die barocke Kirche des Klosters Beuron.

Der Wegverlauf

Von **Fridingen a. d. Donau** steigen Sie am Hang des Donautals (Markierung: gelbes Dreieck, dann rote Gabel) hoch zum Laibfelsen. Hier knickt der Weg links ab und führt entlang der Hang-

kante über die Mattheiser Kapelle (790 m) zum Kopf des **Stiegelesfelsen** (778 m; 45 Min.).
In einer Waldecke halten Sie sich links (rote Raute) über einen Wiesenhang und folgen einem Fahrweg zu einem Gasthaus am **Knopfmacherfelsen** (765 m; 1:15 Std.). Dieser Felssporn ist einer der besten Aussichtspunkte im Durchbruchstal der Donau.
Zunächst folgen Sie der Hangkante (rote Gabel), gehen anschließend bequem hinunter zur Donau und gelangen auf einer überdachten Donau-Holzbrücke zu dem in einer Talschlinge gelegenen **Bene-**

> Wie man einst auf dem Land lebte, das zeigt das 5 km südlich der Donau angelegte **Freilichtmuseum Neuhausen ob Eck** mit Gebäuden von der Schwäbischen Alb und aus dem Schwarzwald (geöffnet Anfang April(Ende Okt. Di–So 9–18 Uhr).

diktinerkloster **Beuron** (2 Std.; → **Tipp Tour 2**).

Auf der Ortsdurchfahrt passieren Sie das Kloster und verlassen die in Richtung Buchheim bergauf führende Straße kurz vor dem Waldrand nach rechts (rote Gabel, Jägerhaus). Durch das Liebfrauental mit einer Lourdes-Grotte führt der schattige Weg bergauf, und kurz vor dem Wirtschaftshof des auf einem Felsklotz sitzenden **Schlosses Bronnen** biegen Sie rechts ab. Von der Talkante, vorbei an der in der Steinzeit bewohnten Jägerhaushöhle, steigen Sie recht steil ab zu dem an der Donau gelegenen **Gasthaus »Jägerhaus«** (2:45 Std.).

Talaufwärts entlang des Flusses verläuft ein Fahrweg (rotes Dreieck), der am Standort der einstigen Bronner Mühle, an einer Grillstelle – hier ist ein Abstecher zum Felslabyrinth »Teufelsküche« möglich –, und am Scheuerlehof vorbeiführt zum Gehöft (mit Gaststätte) **Ziegelhütte** (3 Std.).

Auf dem nun asphaltierten Fahrweg erreichen Sie eine Donaubrücke (3:45 Std.), überqueren den Fluss und passieren auf dem nach links am Fluss verlaufenden Asphaltweg eine **Donau-Versickerungsstelle**, wo ein großer Teil des Donauwassers im Boden verschwindet und 20 km weiter südlich im Aachtopf wieder austritt.

Etwa 200 m nach einer Mariengrotte biegen Sie rechts ab (rote Raute) und gelangen nach **Fridingen**, wo Sie sich im Stadtkern nach rechts wenden zur Kirche.

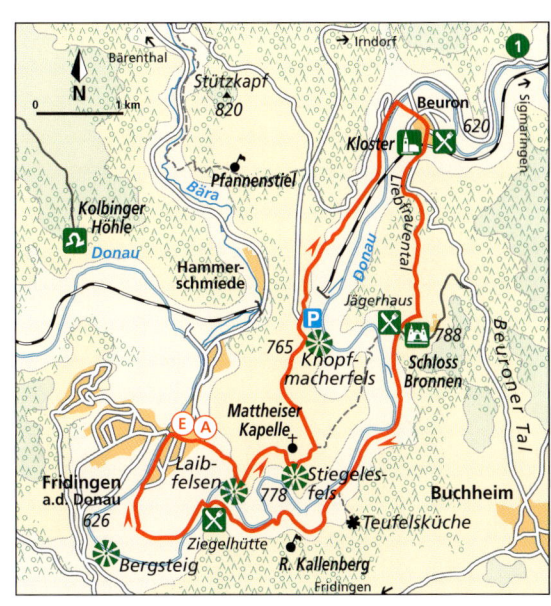

2 Vom Kloster Beuron nach Thiergarten

Panorama-Wanderung von Fels zu Fels: Kloster Beuron – Eichfels – Schloss Werenwag – Schaufels – Thiergarten

anspr.

21 km

6 ¼ Std.

↑ 780 m
↓ 800 m

Tourencharakter: Spektakuläre Streckenwanderung entlang der Kante des Donautals mit mehreren Anstiegen; kürzere Rundwanderung möglich (Variante am Ende der Wegbeschreibung).
Beste Jahreszeit: April–Okt.
Ausgangspunkt: Kloster Beuron im Oberen Donautal.
Endpunkt: Thiergarten, Ortsteil der Gemeinde Beuron.
Wanderkarte: LVA B-W-Freizeitkarte 526 (Sigmaringen), 1 : 50 000.
Markierung: Rote Raute, rote Gabel, rotes Dreieck.
Verkehrsanbindung: PKW: A 81 Stuttgart–Singen, Ausfahrt Tuningen; B 523 bis Tuttlingen und auf Landstraße über Kloster Beuron nach Thiergarten; Parkplatz am Ortsende an der Donau. **Bus:** Thiergarten–Kloster Beuron (Linie Sig-

maringen–Tuttlingen) mehrmals täglich; Info-Tel. 07461/9 26-5 65.
Bahn: »Naturpark-Express« Immendingen– Sigmaringen mit Halt an sämtlichen Stationen: 1. Mai–ca. 20. Okt. nur Sa, So und feiertags; Info-Tel. 07466/92 80-14 oder Auskunft am Bhf. Beuron.
Einkehr: Gaststätten bei Kloster Beuron; AV-Wanderheim Rauher Stein (Ruhetag Di); Naturfreundehaus Donautal bei den Steighöfen (März–Nov. Sa und So); Berghaus Bauer in Thiergarten.
Unterkunft: Beim Kloster Beuron Hotel Pelikan (Tel. 07466/4 06); Thiergarten: Berghaus Bauer (Tel. 07570 / 95 15 62)
Tourist-Info: Rathaus, 88631 Beuron, Tel. 07579/921 00,
Fax 07579/92 10 25.
Internet www.beuron.de

Im felsigen Hausener Tobel steigt man an zur Kante des Donautals.

Von steil abfallenden Felsen ergeben sich spektakuläre Ausblicke auf die Donau hinunter, die im tief eingegrabenen Tal wie ein Rinnsal wirkt.

Der Wegverlauf

Vom Parkplatz am **Kloster Beuron** überqueren Sie zunächst die Donau auf einer alten Holzbrücke, anschließend die Donautal-Straße und steigen, etwas nach rechts versetzt, auf dem asphaltierten Edith-Stein-Weg an (Markierung: Rote Raute, Rauher Stein). Sie passieren das Schwesternheim Maria Trost und biegen in einer scharfen Rechtskurve des Wegs rechts ab auf einen steil ansteigenden Pfad, der im höheren Hangbereich in einen quer laufenden Fahrweg einmündet (30 Min.). Nach rechts erreichen Sie wenig später die ausgeschilderte Abzweigung zum **Spaltfelsen** (750 m), von dem aus Sie auf das Kloster Beuron hinunterblicken.

Entlang der Felskante kommen Sie wieder zum weiterhin ansteigenden Fahrweg, halten sich in einer Linkskurve des Wegs geradeaus auf einen Waldweg und steigen in das flache Hirschental ab, an dessen Nordkante Sie **Irndorf** liegen sehen. Auf der Talsohle gehen Sie 50 m talabwärts und steigen vor einer Kläranlage links am Hang hoch zu einer Straße, auf der Sie nach rechts, vorbei am Irndorfer Sportplatz und einem AV-Wanderheim, zum Aussichtsfelsen **Rauher Stein** (786 m) gelangen (1:15 Std.). An der gegenüberliegenden Hangkante erblicken Sie die Burg Wildenstein, in der eine Jugendherberge eingerichtet wurde.

Entlang der Talkante erreichen Sie den **Eichfelsen** (786 m), von dem aus man nochmals Burg Wildenstein sieht und Schloss Werenwag, im Tal das Dorf Langenbrunn und den Talhof.

Weiter geht es entlang der Hangkante, anschließend recht bequem durch das enge, felsige Finstertal (2:15 Std.) und am Hang eines weiteren Seitentals streckenweise steil hinauf zur Hangkante. Wenig später erreichen Sie den **Korbfelsen**, kurz darauf das bewohnte, nicht zugängliche **Schloss Werenwag** (2:45 Std.).

2 Unmittelbar vor dem Wirtschaftshof des Schlosses wenden Sie sich nach links und steigen auf einem schnurgeraden Fahrweg zwischen Viehweiden einige Minuten lang sanft an zu einer auf 810 m Höhe gelegenen Weggabelung, dem höchsten Punkt der Wanderstrecke. Sie halten sich rechts entlang des Waldrands, biegen nach wenigen Minuten scharf rechts ab (rote Gabel, Schloss Hausen) und gelangen wieder an die Hangkante und zum **Glasträgerfelsen** (3:30 Std.), der als schmaler Sporn in das Donautal hinausragt.

Wenig später stoßen Sie auf einen von Hausen im Tal auf die Hochfläche führenden Weg (rote Raute), dem Sie kurzzeitig in nördlicher Richtung folgen. Auf einem rechts abzweigenden Pfad steigen Sie in den felsigen Hausener Tobel ab, überqueren die Straße Hausen–Schwenningen und steigen wieder hoch zur Hangkante und zu einem Forsthaus aus dem 19. Jh. (4 Std.).

Hier lohnt ein kurzer **Abstecher**: Nach rechts entlang der Mauer des ehemaligen Hofgeländes von **Schloss Hausen** und auf einer Fußgängerbrücke über den Halsgraben erreichen Sie die auf einem schmalen Felssporn gelegene Burgruine, von der Sie auf Hausen im Tal und, talabwärts, auf die knapp 200 m hohe Felswand der Schaufelsen blicken.

Tipp

Über den Naturpark Obere Donau informiert das **Naturschutzzentrum** im Bahnhof Beuron (Mo–Fr 9–17 Uhr, 1. April – 31. Okt. auch Sa und So 13–17 Uhr).

Spannende und lehrreiche Einblicke in das mönchische Leben im Kloster Beuron gewährt ein Dia-Vortrag (Mai–Okt. sonn- und feiertags 13.30 Uhr). Die barock ausgestaltete **Klosterkirche** kann außerhalb der Gottesdienstzeiten besucht werden (Kirchenführung Mai–Okt. sonn- und feiertags 16 Uhr).

Zurück an der Mauerecke des einstigen Schlosshofs, wenden Sie sich nach rechts (rotes Dreieck, Schaufels), überqueren eine Lichtung und folgen im Wald einem Fahrweg nach rechts. Nach Durchqueren eines Seitentals, des Reiftals, erreichen Sie die **Steighöfe** mit dem Naturfreundehaus »Donautal« (4:45 Std.).

Auf dem Weg zum Schaufelsen (rotes Dreieck) passieren Sie die beiden Aussichtspunkte **Hülbfels** und **Mühlefels**, verlassen den Fahrweg nach rechts und erreichen, vorbei an einer Schutzhütte mit Grillstelle, einen Aussichtspunkt auf dem sehr steil fallenden **Schau-Felsen** (772 m; 5 Std.). Wenige Minuten später gelangen Sie zum höchsten Punkt dieser Felswand mit den geringen Mauerresten der **Burgruine Schauenburg** (780 m).

2

In zahlreichen Kehren führt der Weg in eine längst trocken gefallene Donauschlinge hinab; die Breite dieses Trockentals zeugt von der einstigen Mächtigkeit der Ur-Donau. Am Nordwesthang eines schmalen, parallel zur Donau verlaufenden und zum Fluss steil abfallenden Bergrückens steigen Sie wieder an und halten sich an einer Weggabelung nach rechts bergauf zur mächtigen **Burgruine Oberfalkenstein** (747 m; 5:45 Std.), die auf einem massigen Schwammstotzen sitzt. Auf einem hier in das Tal vorspringenden Felsen befinden sich die Mauerreste der **Burgruine Unterfalkenstein**, deren Besuch allerdings nur Kletterern möglich ist.

Am Nordhang des Bergrückens folgen Sie einem Fahrweg talwärts, verlassen diesen Weg aber nach wenigen Minuten auf einem links abzweigenden Pfad und durchqueren das Trockental. Weiter talabwärts passieren Sie einen Steinbruch und gelangen auf der Steinbruch-Zufahrtsstraße schließlich in die auf der Talsohle gelegene kleine Ortschaft **Thiergarten**, den Endpunkt der Wanderung.

Vom Schaufels aus, einer mächtigen Felswand, überblickt man das tief eingeschnittene Donautal.

Der Ortsname erinnert daran, dass die einst auf der Burg Falkenstein ansässigen Burgherren hier im Jahr 1575 ein Wildgehege anlegten.

Variante (Rundwanderung): Kloster Beuron – Rauher Stein – Burg Wildenstein – Kloster Beuron (Weglänge: 17 km; Gehzeit: ca. 5 Std.).

Von Kloster Beuron bis in das Finstertal (Zeitangabe: 2:15 Std.) siehe obige Wegbeschreibung. Von demjenigen Weg, der aus dem Finstertal zu Schloss Werenwag ansteigt, biegen Sie rechts ab (rote Raute, Wildenstein), überqueren in der Nähe der Ortschaft Langenbrunn die Donau und folgen einem Fahrweg entlang des Donau-Südufers knapp 3 km weit talaufwärts. Auf Höhe einer Fußgänger- und Radfahrerbrücke über die Donau folgen Sie einem links abzweigenden Weg (rotes Dreieck) und steigen am teilweise felsigen Talhang steil an zur malerischen, auf einem Felsklotz sitzenden Burg Wildenstein (mit Kiosk). Bequem entlang der Hangkante (rotes Dreieck) und nach einem steilen Abstieg kehren Sie zum Kloster Beuron zurück.

3 Auf den Dreifaltigkeitsberg

Wallfahrtskirche in Aussichtslage: Spaichingen – Dreifaltigkeitsberg – Segelfluggelände Klippeneck – Spaichingen

 mittel

 11 km

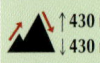 3 Std.

 ↑ 430 m ↓ 430 m

😊 ab 10

Tourencharakter: Steiler Anstieg zur Albhochfläche, bequem an der Hangkante und bergab; weite Ausblicke.
Beste Jahreszeit: Ende April–Okt.
Ausgangspunkt: Spaichingen, Kleinstadt am Fuß der Südwestalb.
Endpunkt: Spaichingen.
Wanderkarte: LVA B-W-Freizeitkarte 526 (Sigmaringen), 1 : 50 000.
Markierung: Roter Balken, rotes Dreieck, blaues Dreieck, blaue Gabel.
Verkehrsanbindung: PKW: A 81 Stuttgart–Singen, Ausfahrt Rottweil; B 14 nach Spaichingen; in der Stadt links

abbiegen in die Dreifaltigkeitsbergstraße; gute Parkmöglichkeiten an der Straße. **Bahn:** Spaichingen ist Station an der Bahnlinie Stuttgart–Singen.
Einkehr: Gaststätte Dreifaltigkeitsberg (Ruhetag Di); Höhenrestaurant Klippeneck (Ruhetag Mo); Denkinger Schützenhaus (Ruhetag Mi).
Unterkunft: In Spaichingen u. a. Hotel Engel (Tel. 07424/42 73).
Tourist-Info: Stadtverwaltung, Marktplatz 19, 78549 Spaichingen, Tel. 07424/95 71-1 01, Fax 95 71-19, Internet www.spaichingen.de

Der Dreifaltigkeitsberg wurde in vorchristlicher Zeit als Fliehburg befestigt, wurde im Mittelalter als Standort einer wehrhaften Burg adliger Herren erwählt und wird seit dem 17. Jahrhundert als Wallfahrtsort geschätzt.

Von weitem sichtbar ist die Wallfahrtskirche auf der Hochfläche des Dreifaltigkeitsbergs.

Der Wegverlauf

Der Dreifaltigkeitsbergstraße in **Spaichingen** folgen Sie hangaufwärts zum Stadtrand und hier einem rechts abzweigenden Fahrweg (Markierung: roter Balken, HW 3) zum Waldrand. Ein schattiger Kreuzweg, der mehrfach die Zufahrtsstraße der Kirche kreuzt bzw. berührt, führt steil hinauf zur **Wallfahrtskirche** (gut 30 Min.).

Die Kirche (983 m) auf der Gipfelhochfläche wurde um 1670 erbaut, im 18. Jahrhundert in spätbarockem Stil erweitert. Neben der Kirche befinden sich eine Gaststätte und, seit 1924, ein Missionshaus der Claretiner. Diese Missionsgesellschaft ist vor allem in der Jugendarbeit in Südamerika und Ostasien aktiv. Von der Hangkante genießen Sie einen herrlichen Ausblick auf die Baar und den Schwarzwald, auf einige Vulkanschlote im Hegau und auf die Alpen.

Tipp

Das **Fluggelände Klippeneck** ist unter den ca. 40 Segelflugplätzen der Schwäbischen Alb der höchstgelegene Platz. Wer sich für einen »Gastflug« in einem Motorsegler, Motor- oder Segelflugzeug interessiert, wendet sich einfach an einen der anwesenden Flieger.

Sie folgen der Straße, passieren einen hohen Wall aus vorchristlicher Zeit und halten sich in der Linkskehre der Straße geradeaus auf einen schattigen Fahrweg (rotes Dreieck). Wenig später führt ein Pfad, parallel zum Fahrweg, entlang des Albtraufs zu einem Hotel-Restaurant am **Segelfluggelände Klippeneck** (1:30 Std.); ein Gebäudekomplex zur Rechten beherbergt ein Fortbildungszentrum für Segelflieger.

Sie kehren zum Waldrand zurück und steigen auf einem Waldweg (blaues Dreieck), dann auf einem Kreuzweg steil ab. Am Waldrand passieren Sie ein **Schützenhaus** (Gaststätte) und erreichen kurz vor dem Ortsrand von **Denkingen** einen links der Straße angelegten Parkplatz (2 Std.).

Vom Parkplatz führt ein Pfad in Treppenstufen zu einem tiefer am Hang verlaufenden Fahrweg (blaue Gabel), dem Sie nach links folgen.

Auf diesem schattenlosen, aber recht bequemen Weg, dem **Denkinger Dammweg** – hierbei handelt es sich um die Trasse der von 1928 bis 1966 zwischen Spaichingen und Reichenbach verkehrenden Heubergbahn –, gelangen Sie zwischen Wiesen und Feldern, vorbei an zwei Grillstellen, bequem nach **Spaichingen** (2:45 Std.).

Geradeaus gehen Sie am Stadtrand entlang, stoßen dann auf die Heubergstraße und folgen ihr zur Dreifaltigkeitsbergstraße, Ihrem Ausgangspunkt.

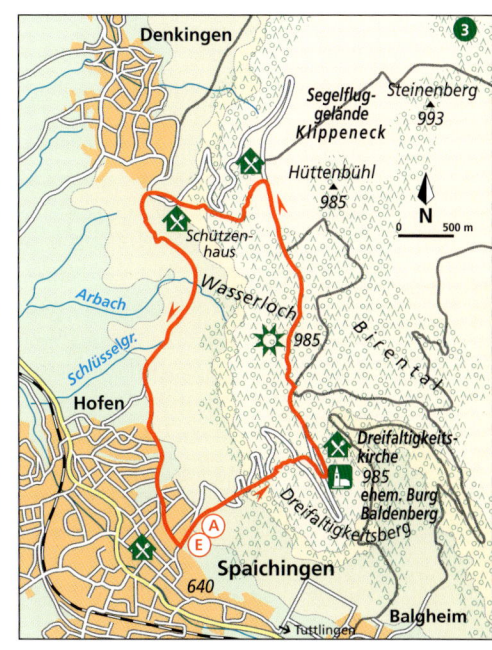

4 In den Balinger Bergen

Schroffe Felsen, artenreiche Flora: Tieringen – Hülenbuchwiesen – Lochenstein – Schafberg – Hausen am Tann – Tieringen

 anspr.

 15 km

4¹/₂ Std.

 ↑ 520 m ↓ 520 m

Tourencharakter: Rundwanderung zwischen 750 m und knapp 1000 m Höhe, streckenweise durch ein Naturschutzgebiet und entlang des Albtraufs; weite Ausblicke.
Beste Jahreszeit: Ende April–Okt.
Ausgangspunkt: Tieringen, Ortsteil von Meßstetten (Zollernalbkreis).
Endpunkt: Tieringen.
Wanderkarte: LVA B-W-Freizeitkarte 526 (Sigmaringen), 1 : 50 000.
Markierung: Rote Raute, rotes Dreieck, rote Raute.
Verkehrsanbindung: PKW: A 81 Stuttgart–Singen, Ausfahrt Oberndorf; über Rosenfeld nach Balingen; B 463 nach Laufen a. d. Eyach, im Ort rechts abbiegen nach Tieringen; kleiner Parkplatz in der Neue Straße unterhalb der Kirche.
Bus: Linie Balingen–Ebingen, mehrmals täglich; in Tieringen Haltestelle Balinger Straße.
Einkehr: Gaststätten in Tieringen; Gaststätte in Hausen.
Unterkunft: In Tieringen Motel am Tor (Tel. 07436/3 11); am Lochenstein die JH Lochen (Tel. 07433/3 73 83) und das kleine Albvereins-Wanderheim Lochenhütte (Tel. 07433/159 64).
Tourist-Info: Stadtverwaltung, 72469 Meßstetten, Tel. 07431/63 49-0, Fax 07431/6 20 43, Internet www.messstetten.de

Alpin muten die schroffen Balinger Berge an: Plettenberg, Schafberg, Lochenstein, Hörnle und einige weitere. Steil steigen sie aus dem Albvorland bzw. aus dem Tal der Eyach 300–400 m an bis auf Höhen um 1000 m. Botanisch interessant sind die Hülenbuchwiesen und eine ausgedehnte Wacholderheide am Schafberg.

Der Wegverlauf

In **Tieringen** gehen Sie vom Parkplatz unterhalb der Kirche in der Neue Straße leicht bergab, wenden sich an der nächsten Straßenkreuzung nach rechts und folgen der Hohlgasse (Orientierungstafel) zur Straße in Richtung Hossingen. Sie halten sich sofort wieder links und steigen in den Straßen Hohlweg (Markierung: rote Raute, Hörnle), Hinter Burg und Am Hasenbrunnen durch eine Wohnsiedlung weiter an.

Vom Ortsrand führt ein Fahrweg, der Wilhelm-Stahlecker-Weg, am bewaldeten Talhang der Schlichem – dieses Flüsschen entspringt 1 km weiter nördlich – stetig bergauf. In einer scharfen Linkskurve des Fahrwegs biegen Sie rechts ab in ein Seitental, steigen nun auf der Talsohle steiler an zur Albhochfläche (30 Min.) und folgen auf der Hochfläche einem asphaltierten Fahrweg nach links – in nordwestlicher Richtung ist der Plettenberg-Sendeturm zu sehen – zu einem Wanderparkplatz mit einer Grillstelle unter Bäumen.

Ein Schotterweg führt weiter zu einer Weggabelung am Rand des **Naturschutzgebiets Hülenbuchwiesen**. Es handelt sich um eine ausgedehnte Bergwiese, die aufgrund ihrer Lage nur mühsam zu erreichen war, folglich nie gedüngt und nur einmal im Jahr gemäht wurde. Auf diese Weise blieben typische Gehölzgruppen, Solitärbäume und eine artenreiche Flora erhalten.

An der Weggabelung am Rand des Naturschutzgebiets halten Sie sich rechts und gelangen über die Hülenbuchwiesen zum **Hörnle** (956 m; 1 Std.). Der Blick von diesem steil abfallenden Aussichtsfelsen umfasst das Eyachtal, den felsigen Lochenstein (963 m) und die zwischen Schwäbischer Alb und Schwarzwald sich erstreckende Region Kleiner Heuberg.

Sie kehren um, halten sich aber leicht rechts und passieren auf einem Wiesenweg ein Ehrenmal für einige Gebirgsjägereinheiten des Zweiten Weltkriegs. Geradeaus führt der nun undeutliche Wiesenweg durch eine Senke und schwenkt kurz darauf nach rechts zum Waldrand (rotes Dreieck, Lochen). Entlang des Albtraufs führt der nun wieder ausgeprägte Weg kurzzeitig durch Wald, anschließend am Rand der Hochwiese Bühlen in Richtung Plettenberg und einige Meter hinab, vorbei an der Jugendherberge Lochen, zur **Lochenpass-Straße** (1:45 Std.).

Dieser Geländeeinschnitt zwischen dem Hörnle und dem Lochenstein wurde schon in vorchristlicher Zeit als vergleichsweise bequemer Übergang zwischen dem Eyachtal und dem in südliche Richtung zur Donau verlaufenden Bäratal benutzt.

Am **Lochenpass** steht eine besondere geologische Schicht an, die so genannte Lochen-Fazies. Hier setzte das Wachstum von Kieselschwäm-

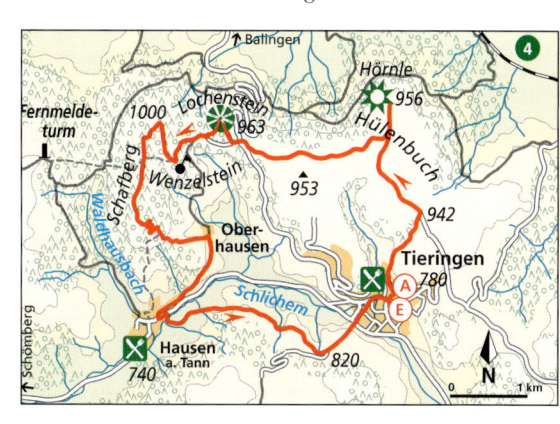

4

men zu Riffen, die heute als freigewitterte Schwammriffe (Massenkalke) am Albtrauf, wie z. B. der Lochenstein, oder als Kuppen die Schwäbische Alb prägen, bereits früher ein als an anderen Stellen der Alb, nämlich in der untersten Weißjura-Schicht (Alpha). In dem mergeligen Massenkalk blieben Fossilien sehr gut erhalten, weshalb das so genannte Lochengründle bei Fossiliensammlern bestens bekannt ist.

Tipp

In Dotternhausen zeigt das **Fossilienmuseum** im Werkforum (Zementwerk) Funde aus dem hier anstehenden Ölschiefer: Würmer, Muscheln, Krebse, Ammoniten, Seelilien, Krokodile und Saurier; außerhalb des Gebäudes ein kleiner Klopfplatz (Di, Mi, Do 13–17 Uhr, So/Feiertage 11–17Uhr; 1. Dez.–6. Jan.geschlossen; Tel. 0 74 27/7 92 11; www.rohrbach-zement.de)

Ein Pfad und Stufen führen am steilen Hang zur nahezu baumlosen Gipfelhochfläche des **Lochensteins** (963 m; 2 Std.) hinauf, einem hervorragenden Aussichtspunkt. An der Nordwestkante – Ausblick auf die Region Kleiner Heuberg, den Schwarzwald und den Nordrand der Alb mit der im 19. Jh. erbauten Burg Hohenzollern – befindet sich ein Gipfelkreuz, mitten auf der Hochfläche das höchstgelegene Wanderheim des Albvereins. Da der Lochenstein nach allen Seiten steil abfällt, bot er sich als natürliche Festung an und war vermutlich seit der Jungsteinzeit immer wieder besiedelt.

Entlang der westlichen Steilkante steigen Sie zu einem Fahrweg ab, der sich nach wenigen Metern an einem Grillplatz auf einer Wacholderheide gabelt. Sie gehen nach rechts, oberhalb der Wacholderheide, in einen Sattel.

Von hier aus können Sie nach links einen **Abstecher zur Burgruine Wenzelstein** machen (hin und zurück 15 Min.). Wahrscheinlich war die um das Jahr 1100 erbaute Burg nur etwa ein

Unterhalb der Balinger Berge liegt im grünen Schlichem-Tal der Weiler Hausen am Tann.

Jahrhundert lang bewohnt. Heute sind lediglich noch ein verfüllter Graben und überwachsene Mauerschutthügel von der auf einem mächtigen Schwammstotzen sitzenden Ruine zu sehen.

Im Sattel verlassen Sie den Fahrweg nach rechts und folgen einem Wiesenweg (Ausschilderung: Gespaltener Fels), der auf der Scheitelhöhe eines Schafberg-Ausläufers über eine ausgedehnte Wacholderheide recht steil zum **Gespaltenen Fels** (1000 m; 2:30 Std.) ansteigt.

Hier ist gut zu sehen, wie der Albrand allmählich zurückweicht: Die Albkante bricht aufgrund von Verwitterungsprozessen ab, so dass breite und tiefe Spalten entstehen. Die hier vom Albkörper losgelösten, schon leicht gekippt am Hang stehenden Felsen werden irgendwann in der Zukunft den Hang hinunterstürzen.

Entlang der nordwestlichen Hangkante des **Vorderen Schafbergs** gelangen Sie einige Minuten später zum **Hohen Fels** (996 m), von dem aus Sie den riesigen Steinbruch am Plettenberg sehen. Bergab erreichen Sie den Sattel zwischen dem Vorderen und Hinteren Schafberg (2:45 Std.), in dem Sie einen zum Plettenberg führenden Weg kreuzen. Sie halten sich geradeaus (rote Raute) und steigen zu einem Aussichtsfelsen (987 m) an, von dem Sie in das Tal der Schlichem mit dem Dörfchen Hausen am Tann blicken.

Vom felsigen, steil abfallenden Lochenstein bietet sich ein weiter Blick über das Albvorland in Richtung Schwarzwald.

Über Wacholderheide gehen Sie in südlicher Richtung weiter und steigen am steilen Hang in zahlreichen Kehren zum Fuß des Schafbergs ab, erreichen das stattliche **Gehöft Oberhausen**, ein ehemaliges Rittergut, und folgen einem leicht fallenden Sträßchen zwischen Wiesen nach **Hausen am Tann** (3:45 Std.).

Im Dorf folgen Sie der Ortsdurchfahrt nach links in Richtung Tieringen (rote Raute, Tieringen) 100 m weit, überqueren die Schlichem und steigen in der Brühlstraße am Nordhang des Rappensteins zwischen Wiesen etwa 2,5 km weit an. Erst auf Höhe von Tieringen senkt sich das Sträßchen.

Am Ortsrand von **Tieringen** überqueren Sie die Straße Hausen am Tann – Oberdigisheim und gelangen in der Hausener Straße in die Ortsmitte und zurück zu Ihrem Ausgangspunkt.

5 Vom Eyachtal nach Hossingen

Felsiger Bergvorsprung, felsige Klinge: Laufen an der Eyach – Gräbelesberg – Hossingen – Hossinger Leiter – Laufen

mittel

11 km

3 Std.

↑ 340 m
↓ 340 m

ja

Tourencharakter: Kurzweilige Rundwanderung mit steilem Aufstieg und interessantem Abstieg.
Beste Jahreszeit: Mai–Okt.
Ausgangspunkt: Laufen a. d. Eyach, Ortsteil von Albstadt.
Endpunkt: Laufen.
Wanderkarte: LVA B-W-Freizeitkarte 526 (Sigmaringen), 1 : 50 000.
Markierung: Rote Raute, roter Winkel, rote Raute.
Verkehrsanbindung: PKW: A 81 Stuttgart–Singen, Ausfahrt Oberndorf; über Rosenfeld nach Balingen und B 463 in Richtung Albstadt bis Laufen; rechts abbiegen in Richtung Hossingen,
Bahngleise überqueren und sofort links in die Steinstraße; gute Parkmöglichkeiten an der Straße nahe der Bahn-Haltestelle. **Bahn:** Linie Balingen – Albstadt, täglich mehrmals; Haltestelle Albstadt-Laufen Ort.
Einkehr: Gaststätten in Laufen und in Hossingen; Gasthaus Brunnental (Ruhetag Mo).
Unterkunft: In Laufen u. a. Hotel Schalksburg (Tel. 07435/8 91 89).
Tourist-Info: Marktstr. 35, 72458 Albstadt,
Tel. 07431/1 60 12 04,
Fax 07431/1 60 12 27,
Internet www.albstadt.de

Mit Hilfe der »Hossinger Leiter« überwindet man gefahrlos eine Felsstufe.

Steil geht es hinauf zum schroff abfallenden Gräbelesberg, und steil geht es wieder hinunter über die Hossinger Leiter, Metalltreppen in einem felsigen Talschluss.

Der Wegverlauf

In **Laufen a. d. Eyach** folgen Sie von Ihrem Parkplatz in der Steinstraße zunächst dieser Straße und biegen rechts ab in die Dobelstraße (Markierung: rote Raute, Gräbelesberg), gleich darauf links in die ansteigende Ziegelstraße.

Ein Fahrweg führt am Hang des Gräbelesbergs recht steil bergauf. An einer ersten Weggabelung halten Sie sich links, an einer zweiten Gabelung im Wald, unterhalb einer Felswand, halten Sie sich rechts. Wo der Fahrweg sich zu senken beginnt, biegen Sie rechts ab (rote Raute) und steigen steil hoch zur schmalen Verbindung

5

zwischen dem Albkörper und dem Gräbelesberg mit einer keltischen Wallanlage.

Nach rechts (roter Winkel) führt ein Forstweg an die nördliche
Steilkante des **Gräbelesbergs** (915 m; 1 Std.), von wo aus am gegenüberliegenden Hang die Ruine Schalksburg zu sehen ist.

An der westlichen Hangkante führt ein Pfad zurück, und Sie fol-

Tipp

Entspannung nach der Wanderung bietet das **Freizeitbad
»badkap«** in Albstadt mit Wel-
len-Brandungsbad, Wasserrut-
schen, Strömungskanal, Gaudi-
becken und Saunalandschaft
(Mo, Mi, Fr, Sa, sonn- und
feiertags 9–21 Uhr; Di und Do
9–22 Uhr,)

gen nun dem Forstweg (rote
Raute, Hossingen) zum Waldrand, wo ein weiterer Wall auf-
fällt. Auf der Albhochfläche passieren Sie einen Parkplatz mit
Grillstelle und erreichen auf einem Sträßchen das Dorf **Hossingen** (1:30 Std.).

Unterhalb der Kirche halten Sie sich nach links bergab und wenden sich gleich darauf nach rechts auf einen Fahrweg, der in einen Wiesenweg übergeht und bequem an die Talkante des Brun-
nentals führt.

Bis zum Ersten Weltkrieg stiegen die Hossinger auf dem Weg zu

ihren Industrie-Arbeitsplätzen
im Eyachtal über Holzleitern ab
– eine stets gefährliche Unter-
nehmung. Heute führen Me-
talltreppen, die **Hossinger Leiter**, über eine Felsstufe in den
kesselartigen Talschluss, wo ein
gesicherter Pfad unterhalb einer
Felswand verläuft und anschließend im bewaldeten Brun-
nental bequem talwärts führt.

Einem quer laufenden Fahrweg
folgen Sie nach rechts (rote
Raute, Laufen) zu einer Weggab-
belung (2:15 Std.). Sie halten
sich links, vor einem Bahn-
damm erneut nach links und
kehren, vorbei an der Gaststätte
Brunnental, nach **Laufen** a. d.
Eyach zurück.

6 Vom Eyachtal hinauf nach Burgfelden

Durch ein Felsenmeer zu romanischer Dorfkirche: Laufen an der Eyach – Burgfelden – Burgruine Schalksburg – Laufen

mittel

10 km

3 Std.

↑ 360 m
↓ 360 m

ja

Tourencharakter: Bis auf den recht steilen Anstieg eine einfache Rundwanderung mit schönen Ausblicken.
Beste Jahreszeit: April–Okt.
Ausgangspunkt: Laufen an der Eyach, Ortsteil von Albstadt.
Endpunkt: Laufen a. d. Eyach.
Wanderkarte: LVA B-W-Freizeitkarte 526 (Sigmaringen), 1 : 50 000.
Markierung: Rote Raute, roter Winkel, rotes Dreieck.
Verkehrsanbindung: PKW: A 81 Stuttgart–Singen, Ausfahrt Oberndorf; über Rosenfeld nach Balingen und B 463 in Richtung Albstadt bis Laufen a. d.

Eyach; unmittelbar vor der Kirche links in die Steinbergstraße abbiegen und am Ortsrand geradeaus 200 m zu Wanderparkplatz. **Bahn:** Balingen–Albstadt, mehrmals täglich, Haltestelle Albstadt-Laufen Ort.
Einkehr: In Laufen mehrere Gaststätten; in Burgfelden Landhaus Post (Ruhetag Mo.).
Unterkunft: In Laufen u. a. Hotel Schalksburg (Tel. 07435/8 91 89)
Tourist-Info: Marktstr. 35, 72458 Albstadt, Tel. 07431/1 60 12 04, Fax 1 60 12 27, Internet www.albstadt.de

Bei Burgfelden, einem ruhigen Dorf mit romanischer Kirche auf der Albhochfläche, ist der Felssporn Böllat ein beliebter Aussichtspunkt. Am Talhang erstreckt sich, Folge eines Bergsturzes, ein »Felsenmeer« mit bemoosten Felstrümmern.

Der Wegverlauf

Vom **Wanderparkplatz Steinberg** am nördlichen Ortsrand von Laufen a. d. Eyach steigen Sie auf einem Forstweg an (Markierung: rotes Dreieck, Burgfelden; HW 1, HW 3), halten sich nach 100 m an einer Weggabelung rechts (Ausschilderung: Felsenmeer, Heersberg) und erreichen in wenigen Minuten eine Wegkreuzung. Nach links (rote Raute, Burgfelden) steigen Sie steil an und gelangen an die Rechtsabzweigung eines Wegs zum **Felsenmeer** (30 Min.).

Dieser **Abstecher** (hin und zurück 15 Min; roter Winkel) führt Sie durch ein Gewirr von bemoosten Felstrümmern, Folge eines einstigen Bergsturzes.

6

Das Gehöft Wannental liegt unterhalb des Felssporns Böllat, eines beliebten Aussichtspunkts.

Der Weg steigt vollends hoch zur Talkante (1 Std.) am Heersberg (954 m). Nach links gelangen Sie auf einem Fahrweg, vorbei an einem Wanderparkplatz, nach **Burgfelden**. Die Straße Burgweg führt zur Hauptkreuzung im Ort, von der es nur wenige Meter zur romanischen **Michaelskirche** sind (1:30 Std.).

Die schlichte Saalkirche mit ihren Wandmalereien stammt aus der Zeit um 1100; die Vorgängerkirche datiert in die 1. Hälfte des 8. Jahrhunderts und war eine der ersten Kirchengründungen im Gebiet des heutigen Baden-Württemberg; Kirchenschlüssel in einem benachbarten Haus, s. Aushang an der Kirche.

Zurück an der Hauptkreuzung, wenden Sie sich nach rechts (rotes Dreieck, Böllat) und gelangen wenige Minuten später auf einem asphaltierten Fußweg zum Felssporn **Böllat** (921 m). Von hier oben blicken Sie in das Wannental mit dem historischen Gehöft gleichen Namens sowie auf das Albvorland.

Sie kehren zur Hauptkreuzung im Ort zurück und wenden sich nach rechts in die Straße Burgweg. Bei den letzten Häusern führt in einem Linksknick der Straße geradeaus ein Wiesenweg (rotes Dreieck) zur Hangkante, wo Sie nach rechts absteigen und über einen schmalen Grat die **Burgruine Schalksburg** erreichen (gut 2 Std.). Der einstige Bergfried wurde als Aussichtsturm (frei zugänglich) wieder aufgebaut. Ein Pfad führt weiter zur westlichen Kante des Felsplateaus, wo eine zweite Burg saß.

Sie kehren zur Schalksburg zurück, steigen auf einem rechts abzweigenden Pfad (rotes Dreieck, Laufen) ab und folgen einige Minuten später einem stetig talwärts führenden Forstweg zurück zu Ihrem Ausgangspunkt.

7 Zur Burg Hohenzollern

Gegliederter Albtrauf, romantische Burg: Nägelehaus am Raichberg –
Zeller Horn – Burg Hohenzollern – Nägelehaus

 mittel

 10,5 km

 3 Std.

 ↑ 480 m ↓ 480 m

😊 ab 10

Tourencharakter: Rundwanderung mit zwei Anstiegen am stark gegliederten Albtrauf; Aussichtspunkte.
Beste Jahreszeit: April–Okt.
Ausgangspunkt: Albvereins-Wanderheim Nägelehaus bei Albstadt-Onstmettingen.
Endpunkt: Nägelehaus.
Wanderkarte: LVA B-W-Freizeitkarte 523 (Tübingen), 1 : 50 000.
Markierung: Rote Gabel, roter Balken.
Verkehrsanbindung: PKW: A 8 Stuttgart–München, Ausfahrt Degerloch; B 27 über Tübingen und Hechingen

nach Bisingen, abbiegen nach Onstmettingen; im Ort der Ausschilderung »Nägelehaus / Raichberg« folgen; mehrere Parkplätze auf dem Raichberg.
Einkehr: Albvereins-Wanderheim Nägelehaus (Ruhetag Mo Nachmittag und Di). Restaurant in Burg Hohenzollern; Gaststätte Zollersteighof (Ruhetag Mo, Fr, sonst ab 14 Uhr, So ab 10 Uhr).
Unterkunft: Albvereins-Wanderheim Nägelehaus (Tel. 07432/2 17 15).
Tourist-Info: Rathaus, 72458 Albstadt, Tel. 07431/1 60 12 04, Fax 1 60 12 27 Internet www.albstadt.de

Von weitem schon zu sehen sind die Erker und Türmchen der Burg Hohenzollern, die auf einem kegelförmigen Alb-Vorberg, dem Zoller, thront.

Der Wegverlauf

Vom **Nägelehaus** an der Kuppe des **Raichbergs** (956 m, Aussichts-

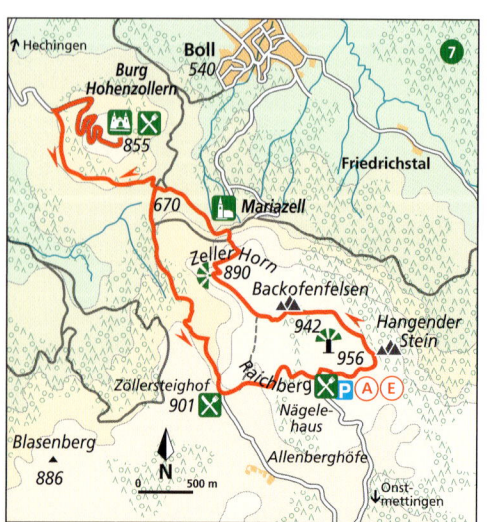

turm) führt ein Weg nach rechts (Markierung: rote Gabel, Hangender Stein) bequem zum **Hangenden Stein** (923 m), wo eine tiefe, entlang des Albtraufs verlaufende Felsspalte einen Bergsturz ankündigt.

Nach links führt der Weg durch lichten Wald, vorbei an einem Bergsturz des Jahres 1879, zum Aussichtspunkt **Backofenfels** (942 m).

Nun entfernt sich der Weg (roter Balken, HW 1 und HW 3) vom Albtrauf, führt

Special

7

Bereits im 11. Jh. war auf dem Zoller das **Geschlecht der Hohenzollern** ansässig, aus dem sich zwei Linien entwickelten. Die brandenburgisch-preußische Linie stellte ab 1713 die preußischen Könige und ab 1871 den deutschen Kaiser; die schwäbische Linie verlegte ihre Residenz im 16. Jh. in das Schloss in Hechingen, und die Stammburg zerfiel. Ab 1847 wurde sie wieder aufgebaut im neugotischen Stil (Feb.–Nov. täglich durchg. geöffnet, Mai–Okt. ab 9 Uhr, ansonsten ab 9:30 Uhr).

in eine Senke und mündet in einen Forstweg ein, der nach rechts zum **Zeller Horn** führt (knapp 1 Std.). Von diesem Felssporn bietet sich ein herrlicher Blick auf die malerisch auf einem kegelförmigen Vorberg sitzende Burg Hohenzollern.

Am Zeller Horn steigen Sie bei einer Schutzhütte (roter Balken, Burg Hohenzollern) am bewaldeten Nordhang in Kehren ab und folgen auf Höhe einer Rasthütte einem Forstweg nach links (roter Balken, Hechingen). Hier können Sie auf einem rechts abzweigenden Sträßchen einen **Abstecher** (hin und zurück 5 Min.) machen zum barocken **Wallfahrtskirchlein Maria Zell** (geöffnet Mai–Okt.).

Der Forstweg führt zu einer Wegkreuzung, an der Sie sich links halten (roter Balken) zur Hexenlinde im Sattel zwischen Zeller Horn und Hohenzollern (1:15 Std.). Ein rechts abzweigender Weg (roter Balken) steigt am Zoller an, kreuzt mehrere Querwege und mündet in ein autofreies Sträßchen ein, das steil hinaufführt zur **Burg Hohenzollern** (1:45 Std.).

Auf demselben Weg kehren Sie zur Hexenlinde zurück und folgen einem stetig leicht ansteigenden Weg (blaues Dreieck, Zollersteighof) zur **Gaststätte Zollersteighof** (2:45 Std.). Vom Parkplatz an der Gaststätte führt ein Wirtschaftsweg (rotes Dreieck, Hörnleweg) auf den Raichberg-Sendemasten zu. Nach 250 m biegen Sie rechts ab (rotes Dreieck) zum Waldrand und folgen nach links einem Wirtschaftsweg. Kurz darauf halten Sie sich an einer Waldecke rechts auf einen ansteigenden Wiesenweg und erreichen in wenigen Minuten das **Nägelehaus**.

Bedeutendes Touristenziel: die Burg Hohenzollern, die im 19. Jahrhundert wieder aufgebaut wurde.

8 Zum Aussichtsturm auf dem Augstberg

Fachwerkstädtchen in idyllischem Tal: Mägerkingen – Augstberg (849 m) – Trochtelfingen – Mägerkingen

mittel

15 km

4 ½ Std.

↑ 250 m
↓ 250 m

ja

Tourencharakter: Aus dem Tal der Seckach zum Augstbergturm, bequem nach Trochtelfingen und talabwärts entlang des Flüsschens.
Beste Jahreszeit: April–Okt.
Ausgangspunkt: Mägerkingen, an der Einmündung der Seckach in die Lauchert.
Endpunkt: Mägerkingen.
Wanderkarte: LVA B-W-Freizeitkarte 523 (Tübingen), 1 : 50 000.
Markierung: Nahezu durchgehend gelbes Dreieck.
Verkehrsanbindung: Pkw: Von Reutlingen B 312 nach Großengstingen und B 313 nach Mägerkingen; Parkplatz gegenüber der Kirche. **Bahn:** Rad-Wander-Shuttles Tübingen–Gammertingen–Kleinengstingen und Sigmarin-

gen–Gammertingen–Kleinengstingen, nur 1. Mai–20. Okt. an Sonn- und Feiertagen; nur eine Fahrt vormittags, Rückfahrt spät nachmittags (Info: Hohenzollerische Landesbahn, Tel. 07471 / 18 06-0, Fax 18 06-12).
Bus: Reutlingen–Gammertingen, in Mägerkingen Haltestelle Kirche.
Einkehr: Am Augstbergturm ein Albvereinsheim (nur So geöffnet); Gaststätten in Mägerkingen, Steinhilben und Trochtelfingen.
Unterkunft: In Mägerkingen Gasthaus Hirsch, Tel. 07124/21 35.
Tourist-Info: Rathausplatz 9, 72818 Trochtelfingen, Tel. 07124/48-0, Fax 48-48, Internet www.trochtelfingen.de

Reizvoll-ruhig sind das Tal der Seckach und das nette Städtchen Trochtelfingen mit seinen Fachwerkhäusern; einen umfassenden Rundblick bietet der Aussichtsturm auf dem Augstberg, der höchsten Erhebung in weitem Umkreis.

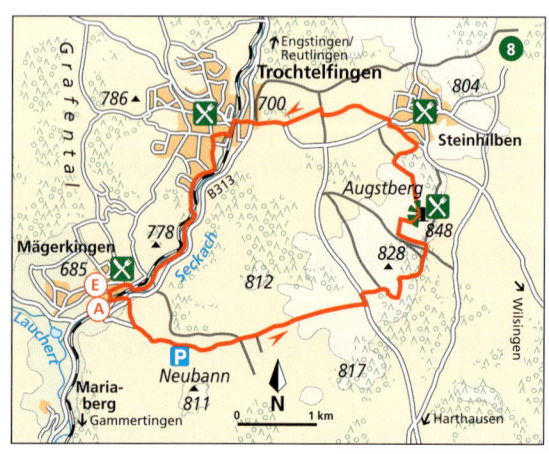

Der Wegverlauf

Von der Kirche in **Mägerkingen** folgen Sie der Kirchstraße (Markierung: gelbes Dreieck, A. T. Augstberg) und nach links der Reutlinger Straße über ein Bahngleis, steigen nach rechts auf dem Sträßchen Neue Steige an und biegen 50 m nach einer Rechtskehre

8

scharf links ab auf einen steilen Wiesenweg (keine Markierung), der eine Straßenkehre abschneidet. Auf dem Sträßchen zu einer Gabelung bei einigen Feldscheunen (30 Min.).

Links weiter (gelbes Dreieck), den Fahrweg an einem Parkplatz

Tipp

Schwäbische Gerichte stehen auf der Speisekarte des **Albquell-Bräuhauses**, eines Brauerei-Gasthofs in Trochtelfingen, wo auch Bier-Spezialitäten angeboten werden.

nach links verlassen – nicht der Markierung folgen! – und zum Sträßchen Mägerkingen-Harthausen. Geradeaus (gelbes Dreieck) auf einem asphaltierten Fahrweg zur Straße Trochtelfingen-Harthausen (1:30 Std.).

Sie halten sich kurz links und überqueren die Straße. Ein Schotterweg führt nach 300 m rechts in den Wald. An einer Weggabelung nach links und anhand der gelben Markierungen in eine Talsenke. Hier einen Schotterweg kreuzen, nach 30 m links halten und an einer Waldecke einem rechts ansteigenden Waldweg folgen, wenig später einem quer laufenden Weg steil hoch zum frei zugänglichen **Augstberg-Aussichtsturm** (2:30 Std.).

Ein Forstweg (gelbes Dreieck) führt zum Waldrand, von dort ein Sträßchen bequem nach **Steinhilben** (3 Std.). In der Augstbergstraße nach links zum Ortsrand, die Ortsdurchfahrt kreuzen und sofort wieder nach links (gelbes Dreieck). Ein bequemer Wirtschaftsweg mündet in einen Asphaltweg ein.

Der Hohe Turm in Trochtelfingen ist ein Überrest der einstigen Stadtbefestigung.

Nach rechts 30 m und links abbiegen, absteigen zur Straße Steinhilben–Trochtelfingen und nach **Trochtelfingen** (3:30 Std.).

Auf der Ortsdurchfahrt in die Stadtmitte, nach links zum Hohen Turm, einem mächtigen Festungsturm, und auf der Straße hinunter zum Flüsschen **Seckach**. Sofort nach Überqueren der Bahngleise nach rechts auf einem asphaltierten Fuß- und Radweg talabwärts entlang der Seckach nach **Mägerkingen** (gut 4 Std.) und auf der Ortsdurchfahrt nach rechts zurück zum Ausgangspunkt.

9 Von Zwiefalten zur Wimsener Höhle

Felsental und Höhlenfahrt: Zwiefalten – Hayingen – Glastal – Wimsener Höhle – Gossenzugen – Zwiefalten

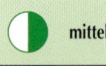

mittel

18 km

5 Std.

↑ 250 m
↓ 250 m

ja

Tourencharakter: Rundwanderung auf der Albhochfläche; zu Beginn ein langer Anstieg, durch das enge Glastal bequem talwärts.
Beste Jahreszeit: April–Okt.
Ausgangspunkt: Zwiefalten am Südrand der Schwäbischen Alb.
Endpunkt: Zwiefalten.
Wanderkarte: LVA B-W-Freizeitkarte 524 (Bad Urach), 1 : 50 000.
Markierung: Rote Gabel, rote Raute, rotes Dreieck.
Verkehrsanbindung: PKW: A 8 Stuttgart–München, Ausfahrt Ulm-West; nach Ulm, B 311 in Richtung Riedlin-

gen nach Zwiefaltendorf und abbiegen nach Zwiefalten; im Ort Parkplatz Dobeltal. **Bus:** Linie Reutlingen–Hayingen–Zwiefalten.
Einkehr: Gaststätten in Zwiefalten, Hayingen, an der Wimsener Höhle (April–Okt. tägl. geöffnet); am Ortsrand von Zwiefalten Fischerei Lohmiller mit Gartenwirtschaft (April–Okt. tägl.).
Unterkunft: In Zwiefalten u. a. Gasthof Post (Tel. 07373/3 02).
Tourist-Info: Bürgermeisteramt, Marktplatz 3, 88529 Zwiefalten, Tel. 07373/2 05 20, Fax 2 05 55, Internet www.zwiefalten.de

Von Zwiefalten mit seiner barocken Klosterkirche führt die Wanderung durch das reizvolle Städtchen Hayingen und das felsige Glastal zur Wimsener Höhle, aus der noch heute der Höhlenbach strömt.

Mit einem flachen Kahn kann die Wimsener Höhle befahren werden.

Der Wegverlauf

In **Zwiefalten** gehen Sie in der Klosteranlage links um das sehenswerte barocke **Münster** herum zur Mauerstraße, die Sie nach links kreuzen zu einem Parkplatz. Hier folgen Sie einem Sträßchen (Markierung: rote Gabel, Sonderbuch), nach 50 m einem Schotterweg in das enge Rental und erreichen nach stetem Anstieg **Sonderbuch** (1 Std.). Im Ort nach rechts gelangen Sie vollends auf die Hochfläche zu einer Wegkreuzung (715 m).

Nach links bergab (rote Raute, Hayingen) führt ein asphaltierter Fahrweg nach Hayingen. Kurz vor dem Stadtrand wenden Sie sich an einem Bildstock nach rechts, sofort wieder nach links und gelangen durch ein Tor in der einstigen Stadtbefestigung in die Ortsmitte von **Hayingen** (2 Std.).

Geradeaus folgen Sie der Kirchstraße, nach links der Josefstraße und nach 200 m rechts der Ehestetter Straße in Richtung Reutlingen. Wenig später biegen Sie links ab in die Straße Auf der Bleiche (rotes Dreieck) und erreichen im rechts ansteigenden Wendelinusweg den Ortsrand. Ein Fußweg (rotes Dreieck, Glastal) an der Straße nach Aichstetten führt bequem in eine Talsenke hinunter, vorbei an der **Wacholderheide Digelfeld**, zur unscheinbaren **Hayinger Brücke** (3 Std.).

Über einen Parkplatz (mit Grillstelle) und bequem abwärts (rotes Dreieck) im engen Glastal, vorbei an der Bären- und der Glashöhle, an der Felswand **Lämmerstein**, an den Mauerresten der **Burg Alt-Ehrenfels** und am **Schloss Ehrenfels** (nicht zugänglich), einst Sommerresidenz der Äbte von Zwiefalten, gelangen Sie an die per Boot befahrbare **Wimsener Höhle** (auch Friedrichshöhle genannt; 4 Std.) und zu einer Gaststätte. Links der Zwiefalter Ach wandern Sie durch die enge **Wimsener Klamm** und erreichen im nun breiten Tal den Weiler **Gossenzugen** (4:30 Std.).

Abstecher (hin und zurück 10 Min.) zur barocken **Magnuskapelle:** Vor dem Ortsrand, noch vor der Achbrücke, links hoch ins »Oberdorf«.

Im »Unterdorf« überqueren Sie die Ach und gelangen auf einem Fußweg entlang des Flüsschens nach **Zwiefalten** (knapp 5 Std.). Durch den Klosterbezirk kehren Sie an Ihren Ausgangspunkt zurück.

10 Großes Lautertal und Wolfstal

Pflanzenvielfalt in idyllischen Tälern: Erbstetten – Burgruine Wartstein – Laufenmühle – Wolfstal – Erbstetten

leicht

13 km

3 ¾ Std.

↑ 180 m
↓ 180 m

ja

Tourencharakter: Landschaftlich reiz-
volle Rundwanderung durch den au-
tofreien Abschnitt des Großen Lauter-
tals und das enge Wolfstal.
Beste Jahreszeit: März–Okt.
Ausgangspunkt: Erbstetten, Ortsteil von
Ehingen.
Endpunkt: Erbstetten.
Wanderkarte: LVA B-W-Freizeitkarte
524 (Bad Urach), 1 : 50 000.
Markierung: Rotes Dreieck, roter Bal-
ken, blaues Dreieck.
Verkehrsanbindung: PKW: A 8 Stutt-
gart–München, Ausfahrt Ulm-West;

B 10 nach Ulm, B 311 nach Ehingen,
B 465 in Richtung Münsingen und hin-
ter Alt-Steußlingen abbiegen nach Erb-
stetten; Parkplatz bei der Kirche. **Bus:**
Verbindung ab Munderkingen, in Erb-
stetten Haltestelle Rathaus.
Einkehr: Laufenmühle (Ruhetag Mo);
Gaststätten in Erbstetten.
Unterkunft: In Erbstetten Gasthof
Löwen (Tel. 07386/3 97).
Tourist-Info: Marktplatz 1,
89584 Ehingen (Donau),
Tel. 07391/5 03-0, Fax 5 03-2 22,
Internet www.ehingen.de.

Ein beliebtes Ausflugsziel ist das Tal der mäandrierenden Großen
Lauter. Die Wanderung führt durch einen autofreien Abschnitt
des Tals. Am Fuß des Talhangs wachsen seltene Pflanzen, im
März blühen im Wolfstal zahllose Märzenbecher.

Der Wegverlauf

In **Erbstetten** folgen Sie der Straße Zum Wartstein, vorbei am
Gasthof Rössle, halten sich in einer Linkskurve geradeaus (Markierung: Rotes Dreieck, HW 2) und steigen am bewaldeten Hang

an. Von diesem alten
Weg – stellenweise
sind noch deutlich
Karrenspuren zu se-
hen –, biegen Sie
nach 150 m links ab.
Wenig später führt
ein Forstweg gerade-
aus. Wo der Weg zu
fallen beginnt, wen-
den Sie sich nach
links zum Heuma-
cherfelsen, und ent-
lang der Hangkante

10

gelangen Sie bequem zur **Burgruine Wartstein** (30 Min.). Auf einem senkrecht abfallenden Felsen sitzt die Burgruine hoch über der mäandrierenden Großen Lauter. Die einstige Schildmauer dient heute als Aussichtsplattform.

Der Weg führt kurzzeitig bergab (roter Balken, HW 5), bei den Resten der Vorburg nach links und auf halber Hanghöhe talabwärts zu den wenigen Mauerresten der **Burgruine Monsberg**. Nun steigt der Pfad leicht an (roter Balken) und verläuft entlang der Talkante. Kurz nach der **Burgruine St. Ruprecht**, von der nur

der Halsgraben sowie einige Grundmauern zu sehen sind, steigen Sie recht bequem in das Tal der Großen Lauter hinunter (1 Std.).

Auf dem geschotterten Talweg halten Sie sich links, überqueren nach 200 m die Große Lauter auf einer Fußgängerbrücke und gehen am Ufer des Flüsschens auf den Weiler **Unterwilzingen** zu. Hier überqueren Sie die Große Lauter auf einer Straßenbrücke (roter Balken)

und folgen dem Flüsschen durch das windungsreiche, enge und felsige Tal bequem abwärts zur **Laufenmühle** (Gaststätte; 2 Std.). Um 1500 lebte hier der Müller Ignaz Reiser, unter dessen Führung sich im Bauernkrieg (1524–25) die Bauern der Umgebung sammelten und das Kloster Zwiefalten plünderten.

Im März blühen Tausende von Märzenbechern im felsigen Wolfs-tal.

Auf der asphaltierten Mühlen-Zufahrt erreichen Sie einen Parkplatz, an dem Sie sich nach links wenden in das bewaldete **Wolfstal**, in dem im zeitigen Frühjahr unzählige Märzenbecher blühen. Ein Forstweg (roter Balken, HW 7) führt im engen Tal aufwärts, vorbei an bemoosten Felsen, zum Landsträßchen Mundingen-Erbstetten (3:15 Std.).

Nach links folgen Sie dem zunächst ansteigenden Sträßchen (blaues Dreieck, Erbstetten) und schneiden nach 500 m auf einem rechts abzweigenden Pfad eine Straßenkehre ab. Auf der Hochfläche gelangen Sie bequem zur Straße Granheim–Erbstetten und zurück nach **Erbstetten**.

11 Von Hayingen in das Große Lautertal

Reizvolle Dörfer, ruhiges Landstädtchen: Hayingen – Burg Derneck – Indelhausen – Anhausen – Gerberhöhlen – Hayingen

 mittel

 16 km

4 ½ Std.

↑ 370 m
↓ 370 m

 ab 10

Tourencharakter: Abwechslungsreiche Rundwanderung auf der Albhochfläche und im reizvollen Tal der Großen Lauter; Burg, Ringwall, Höhle.
Beste Jahreszeit: April–Okt.
Ausgangspunkt: Luftkurort Hayingen.
Endpunkt: Hayingen.
Wanderkarte: LVA B-W-Freizeitkarte 524 (Bad Urach), 1 : 50 000.
Markierung: Rotes Dreieck, gelbe Raute, roter Balken, gelbe Gabel; einzelne Abschnitte ohne Markierung.
Verkehrsanbindung: PKW: A 8 Stuttgart–München, Ausfahrt Ulm-West; B 311 in Richtung Riedlingen nach Zwiefalten und abbiegen nach Hayingen; Parkplatz in der Ortsmitte nahe der Kirche hinter Gasthaus Löwen. **Bus:** Linie Riedlingen-Bad Urach; in Hayingen Haltestelle Zwiefalter Straße.
Einkehr: Gaststätten in Hayingen, Münzdorf, Indelhausen und Anhausen; Schänke in Burg Derneck (Mitte März–Mitte Nov. Sa ab 14 Uhr, sonn- und feiertags sowie an allen Ferientagen durchgehend).
Unterkunft: In Hayingen u. a. Gasthof Adler (Tel. 07386/7 18). Albvereins-Wanderheim Burg Derneck (Voranmeldung Tel. 07383/12 97 oder 07386/2 17).
Tourist-Info: Kirchstr. 15, 72534 Hayingen, Tel. 07386/97 77 23, Fax 97 77 33, Internet www.hayingen.de

Der Luftkurort Hayingen, ein ruhiges Landstädtchen, liegt auf der Albhochfläche oberhalb des Großen Lautertals. Dort hinunter führt die Wanderung, vorbei an der Burgruine Derneck, durch die reizvoll gelegenen Dörfer Indelhausen und Anhausen und über einen felsigen Steig zu den Gerberhöhlen.

Der Wegverlauf

Von der Kirche in **Hayingen** gehen Sie durch die Kirchstraße, folgen nach links der Josefstraße (Markierung: rotes Dreieck) und biegen rechts ab in die Ehestetter Straße. Wenig später wenden Sie sich nach links in die Straße Auf der Bleiche und steigen

Eine der zahlreichen Burgruinen im Großen Lautertal ist die Schülzburg oberhalb von Anhausen.

11

Tipp
Seit über 50 Jahren wird im **Naturtheater bei Hayingen** jeden Sommer zwischen Anfang Juli und Anfang September ein volkstümliches Theaterstück aufgeführt. Gespielt wird jeweils am Samstagabend und am Sonntagnachmittag (Auskunft: Tel. 07386/2 86).

rechts auf dem Wendelinusweg an zum Ortsrand.

Geradeaus (keine Markierung) verläuft ein Fuß- und Radweg entlang der nach Ehestetten führenden Straße am Rand eines Segelfluggeländes. Nach 1 km biegen Sie links ab auf einen asphaltierten Fahrweg, wenden sich nach 150 m rechts zu den **Flugzeug-Wartungshallen** (30 Min.) und halten sich links. Nach 50 m folgen Sie an einer Waldecke einem grasbewachsenen Feldweg halb rechts (keine Markierung) über eine Wacholderheide hinunter in eine Talsenke, das Ammental. Hier folgen Sie geradeaus einem leicht ansteigenden Wirtschaftsweg mehrere hundert Meter weit (Markierung: gelbe Raute, Derneck) zu einem quer laufenden Asphaltweg.

Sie wenden sich nach rechts (von nun an gut markiert mit gelber Raute) und kreuzen die Straße Hayingen-Ehestetten. Nach 50 m folgen Sie einem quer laufenden Weg nach links in den Wald, biegen nach 200 m rechts ab und stoßen im Bürstentäle auf die Straße Indelhausen-Aichelau. Auf der anderen Straßenseite folgen Sie einem Wirtschaftsweg, der in einem Waldstück zur so genannten **Köhlerplatte** führt (1:15 Std.); hier wird einmal im Sommer ein Meiler geschichtet und gebrannt.

Kurz nach dem Waldrand wenden Sie sich nach rechts zur Straße Münzdorf-Indelhausen – hier eine Grillstelle – und folgen ihr in das in einem Trockental gelegene **Münzdorf** (1:45 Std.).

11

Auf der Ortsdurchfahrt gehen Sie bergab zum talseitigen Orts-rand und in einer Rechtskurve der Ortsdurchfahrt geradeaus, hangabwärts, auf Burg Derneck zu, die Sie schon vor sich sehen. Am Waldrand verlassen Sie den alten Verbindungsweg zwischen dem Tal der Großen Lauter und Münzdorf nach links, steigen in das Tiefental ab und kreuzen die Burg-Zufahrt. Am gegenüberlie-genden Hang stoßen Sie wieder auf die Zufahrt und erreichen, vorbei an einem weitläufigen Spiel- und Grillplatz, **Burg Dern-eck** (665 m; 2:15 Std.), die an der Talkante der Großen Lauter

sitzt.

Special

Ausgangspunkt der Wanderung ist **Hayingen**, ein Städtchen, das Mitte des 13. Jh. an einer Straßen-kreuzung angelegt wurde, ob-wohl bereits 2 km weiter nordöst-lich ein Dorf bestand. Doch die Stadtgründer, die Herren von Gundelfingen, versprachen sich durch diese Stadt wirtschaftlichen Aufschwung, durften doch nur in Städten Märkte abgehalten wer-den und durften sich nur in einer Stadt Handwerker ansiedeln. Die Handwerker lebten, wie heute noch Straßennamen wie »Bäcker-gasse« oder »Gerbergasse« zei-gen, in dem eng bebauten Viertel südlich der Marktstraße. Nördlich der Marktstraße befanden sich ein Schloss, der Fruchtkasten, das Rathaus und die Kirche mit dem Marktplatz.

Über einen breiten Halsgraben betreten Sie die Burg, die um 1350 erbaut, aber im 16. Jh. nicht, wie die meisten anderen Burgen, dem Zerfall überlassen wurde. Im 18. Jh. wurde sie instandgesetzt und als Försterei mit kleiner Landwirtschaft genutzt. Das ehemalige Forsthaus wurde inzwischen umgebaut in ein Wanderheim des Schwä-bischen Albvereins, dessen Mitglieder den in einer ehemaligen Scheune unterge-brachten Kiosk betreiben. Besonders be-eindruckend ist die Schildmauer mit Rund-turm, zu dem Treppen hinaufführen.

Beim Verlassen der Burg halten Sie sich am Burggraben nach links bergab (roter Bal-ken, gelbes Dreieck, Indelhausen), kreuzen auf der Talsohle eine nach Münzdorf führende Straße und steigen zum **Käpfle** auf – der Name leitet sich her von »kapfen«, Ausschau halten –, einer zum Tal hin steil abfallenden Erhebung. Ein interessanter Kreuzweg (19. Jh.) – die Stationen stehen sich wie Alleebäume gegenüber – und ein Fahrweg führen wieder auf den Talgrund und zu den we-nigen Gehöften von **Weiler**.

Im Ort wenden Sie sich an der Otmarskapelle – der Vorgänger-bau war vermutlich eine Wehrkirche – nach links und überqueren die Große Lauter. Auf der Brücke die Skulptur eines Schnecken-sammlers zu Ehren all derjenigen Bewohner des Tals, die einst Schnecken aus dem Lautertal bis nach Frankreich brachten. Talabwärts (gelbe Gabel, roter Balken) entlang der Großen Lauter erreichen Sie den Ortsrand von **Indelhausen** (knapp 3 Std.).

Auf der Durchgangsstraße nach links, nach 30 m rechts abbiegen und vorbei am auffälligen Rathaus (erbaut um 1500): Einem Steinsockel sitzt eine alamannische Fachwerkkonstruktion auf mit dem typischen über Eck geführten Erkerfenster.

Sie überqueren die Große Lauter und gelangen wenig später nach **Anhausen** mit der malerischen **Burgruine Schülzburg** (12. Jh.), einer der wenigen mittelalterlichen Burgen, die im 17. Jh. zu einem Schloss erweitert und bis in das 19. Jh. bewohnt wurde. Unmittelbar vor den ersten Häusern steigen Sie rechts am Waldrand an, wenden sich nach 100 m nach rechts

Auf dem Wanderpfad hinunter ins Fichteltal passiert man eine mächtige Felswand.

(gelbe Gabel) und erreichen nach steilem Anstieg einen doppelten Ringwall (6. Jh. v. Chr.), der ein mehrere Hektar großes Hochplateau umgibt: **Alt-Hayingen** (3:15 Std.).

Entlang des Doppelwalls nach links (gelbe Gabel) zur Felskante des Plateaus und an einer Weggabelung erneut links zu einem Aussichtsfelsen: Blick auf die Maisenburg, eine Burgruine mit einem Gehöft an der Stelle der verschwundenen Vorburg.

Ein mit Geländern gesicherter Pfad führt in einer stark gegliederten Felswand, vorbei an einigen als **Gerberhöhlen** bezeichneten Klüften, hinunter in das enge **Fichteltal**.

Auf dem Talgrund wenden Sie sich nach rechts (keine Markierung), talaufwärts. Dort, wo sich das Tal öffnet, gehen Sie geradeaus entlang einer Wacholderheide, folgen dem Sträßchen Indelhausen-Maisenburg geradeaus 50 m weit und biegen in einer Rechtskurve links ab auf einen Wirtschaftsweg (keine Markierung), der im **Hayinger Tal** stetig leicht ansteigt.

An einer Weggabelung nach rechts steigen Sie in einem Seitental vollends hinauf zur Albhochfläche und kehren entlang der Straße Indelhausen-Hayingen bequem in die Ortsmitte von **Hayingen** zurück.

12 Von Hundersingen nach Gundelfingen

Burgruinen im Großen Lautertal: Hundersingen – Wittsteig – Hohengundelfingen – Bichishausen – Hundersingen

 mittel

 12 km

 3 ½ Std.

 ↑ 290 m ↓ 290 m

 ja

Tourencharakter: Rundwanderung im Tal der Großen Lauter mit zwei Anstiegen zur Talkante; mehrere Burgruinen.
Beste Jahreszeit: April–Okt.
Ausgangspunkt: Hundersingen im Tal der Großen Lauter.
Endpunkt: Hundersingen.
Wanderkarte: LVA B-W-Freizeitkarte 524 (Bad Urach), 1 : 50 000.
Markierung: Gelbes Dreieck, roter Balken, gelbe Raute; ein kurzer Abschnitt ohne Markierung.
Verkehrsanbindung: PKW: Von Reutlingen B 312 in Richtung Sigmaringen/Zwiefalten; bei Engstingen abbiegen in Richtung Münsingen, in Gomadingen abbiegen nach Marbach/Großes Lautertal; am Ortsbeginn Hundersingen rechts abbiegen zum kleinen Parkplatz Waschhäusle. **Bus:** Lautertal-Freizeit-Bus Zwiefalten–Münsingen (nur sonn- und feiertags), in Hundersingen Haltestelle Rathaus.
Einkehr: Gaststätten in Hundersingen, Wittsteig und Bichishausen; in Bichishausen ein Kiosk mit Biergarten am Bootsverleih.
Unterkunft: In Hundersingen Gasthof Rössle (Tel. 07383/389).
Tourist-Info: Rathaus, 72525 Münsingen, Tel. 07381/1 82-145, Internet www.muensingen.de

18 Burgruinen sitzen an der felsigen Talkante des Großen Lautertals. Drei davon – Hohengundelfingen, Bichishausen und Hundersingen – liegen an der Tour. Am beeindruckendsten ist Hohengundelfingen mit seinen mächtigen Buckelquadern.

Nicht nur bei Wanderern, sondern auch bei Kanuten beliebt ist das Große Lautertal.

Der Wegverlauf

In **Hundersingen** folgen Sie vom Parkplatz der Wasserstraße, wenden sich nach 50 m rechts in die Straße Hochburg (Markierung: gelbes Dreieck, Fladhof) und steigen vom Ortsrand (roter Balken, Burgenweg) zur Talkante auf. Hier folgen Sie an einer Straßenkreuzung (30 Min.) dem nach links über die Albhochfläche führenden Sträßchen (gelbe Raute, Steighöfe) 600 m weit, biegen links ab (gelbe Raute) und erreichen die **Steighöfe** (1 Std.), auf dem Sträßchen Ehestetten-Bichishausen wenig später eine Straßenkehre. Geradeaus (gelbe Raute) gelangen Sie bequem zum **Aussichtspunkt Bürzel**, der einen der schönsten Ausblicke im Tal der

12

Tipp

An Wochentagen zwischen 1. Juli und 30. Sept. kann man beim **Kanuverleih Volker Schmack in Bichishausen** Boote für Kanutouren auf der Großen Lauter mieten. Im Preis inbegriffen ist der Transport zur Einsetzstelle (Tel. 07383/4 08, Internet www.kanutouren.com).

Großen Lauter bietet: auf Gundelfingen mit Burg Niedergundelfingen und auf die Burgruine Hohengundelfingen.

Auf einem Pfad, anschließend auf einem Fahrweg und einem vom Fahrweg rechts abzweigenden alten Verbindungsweg (roter Balken) erreichen Sie den Talgrund und **Wittsteig**, einen ehemaligen Mühlenhof (knapp 2 Std.).

Schräg gegenüber dem Gasthof Wittstaig (roter Balken, Hohengundelfingen) steigen Sie in Kehren hoch zur **Burgruine Hohengundelfingen** (2:15 Std.).

Auf dem Weg Ihres Aufstiegs gehen Sie zurück und halten sich nach 30 m an einer ersten Weggabelung geradeaus (roter Balken, Gundelfingen), nach weiteren 50 m an einer zweiten Gabelung ebenfalls geradeaus (keine Markierung) und erreichen die Straße Gundelfingen-Bremelau.

Ihr folgen Sie nach rechts 100 m weit, biegen links ab auf einen Waldweg (keine Markierung) und stoßen auf einen quer laufenden Forstweg (gelbe Raute), der bei einem Grillplatz auf einer Lichtung in ein Sträßchen übergeht. Nach links bergab gelangen Sie nach **Bichishausen** (2:45 Std.).

Auf der Dorfstraße gehen Sie durch den Ort, vorbei an einer etwas erhöht sitzenden Burgruine, folgen einem breiten Weg (roter Balken, Hundersingen) talaufwärts entlang der Großen Lauter nach **Hundersingen** (3:15 Std.) und zurück in den Ortskern zu Ihrem Ausgangspunkt.

13 Zum Landesgestüt Marbach

Pferdekoppeln und Wacholderheide: Gomadingen – Marbach – Sternberg – Offenhausen – Gomadingen

 mittel

 11 km

 3 Std.

 ↑ 410 m ↓ 410 m

 ab 10

Tourencharakter: Rundwanderung im oberen Talabschnitt der Großen Lauter; mehrere Anstiege; Rundblick vom Sternberg-Aussichtsturm.
Beste Jahreszeit: April–Okt.
Ausgangspunkt: Gomadingen im Großen Lautertal.
Endpunkt: Gomadingen.
Wanderkarte: LVA B-W-Freizeitkarte 524 (Bad Urach), 1 : 50 000.
Markierung: Gelbe Raute, gelbe Gabel, gelbes Dreieck, roter Balken, gelbe Raute; zwei Streckenabschnitte ohne Markierung.
Verkehrsanbindung: PKW: Von Reutlingen B 312 in Richtung Sigmaringen /

Zwiefalten und bei Engstingen abbiegen in Richtung Münsingen; in Gomadingen ein Parkplatz hinter dem Rathaus. **Bus:** Linie Reutlingen–Münsingen, in Gomadingen Haltestelle Rathaus.
Einkehr: Gaststätten in Gomadingen, Marbach und Offenhausen; AV-Wanderheim auf dem Sternberg (geöffnet Sa ab 14 Uhr, Sonn- und Feiertag bis 17 Uhr).
Unterkunft: In Gomadingen u. a. Gasthaus Zum Lamm (Tel. 07385/9 61 50).
Tourist-Info: Marktplatz 2, 72532 Gomadingen, Tel. 07385/96 96 33, Fax 96 96 22, Internet www.gomadingen.de

Seit über 400 Jahren werden im Landesgestüt Marbach Pferde gezüchtet. Über die Entwicklung der Pferdezucht informiert das Gestütsmuseum in Offenhausen, eine Zweigstelle des Gestüts.

Tipp

Zwischen Anfang Mai und Mitte Oktober besteht die Möglichkeit, an Sonn- und Feiertagen mit der **Schwäbischen Alb Bahn** anzureisen. Der nostalgische Schienenbus »Ulmer Spatz«, der zwischen Ulm und Kleinengstingen verkehrt, hält auch in Gomadingen (Auskunft: Tel. 07317/15 50-0).

Der Wegverlauf

Vom Rathaus in **Gomadingen** gehen Sie zur Durchgangsstraße, überqueren sie und steigen recht steil an: zunächst in der Schömbergstraße (Markierung: gelbe Raute, Steingebronn), in der Haldenstraße nach links, nach 200 m rechts in der Straße Sonnenhalde. Am Ortsrand auf einem nach Steingebronn führenden Sträßchen weiter leicht ansteigen und rechts abbiegen auf einen Wirtschaftsweg (gelbe Raute), der an der Kuppe des **Schömbergs** (773 m) entlangführt. Zwischen einigen Wochenendhäusern hindurch gelangen Sie zum asphaltierten Bermannstalweg (30 Min.) im flachen **Bermannstal**.

Nach rechts (gelbe Raute) zum Waldrand und nach wenigen Metern auf einem breiten Weg halb links leicht bergauf (keine Markierung) durch einen schmalen Waldstreifen. Bei einigen Koppeln des Gestüts Marbach kreuzen Sie einen quer laufenden

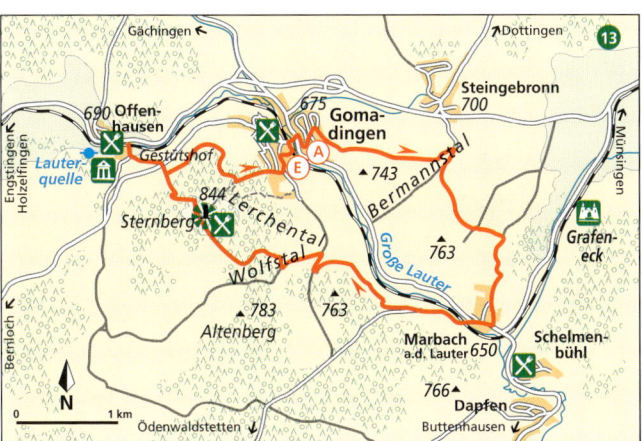

Fahrweg – zur Rechten der Sommerstall für die Vollblut-Araber-stuten – und passieren die Grabstelle eines erfolgreichen Zucht-hengsts. Das Sträßchen mündet in eine Allee ein, auf der Sie nach rechts bergab (gelbe Gabel) das **Landesgestüt Marbach** er-

An der Quelle der Großen Lauter liegt der Weiler Offen-hausen mit dem ehemaligen Dominikanerinnenkloster, heute eine Zweigstelle des Marbacher Gestüts.

13

Der Wanderweg führt an den weitläufigen Koppeln des Landesgestüts Marbach vorbei.

reichen. Vorbei am Turnierplatz und mehreren Stallgebäuden gelangen Sie zum **Gestütshof** (1 Std.) mit Wohn- und Verwaltungsgebäuden sowie Hengstställen.

Der Straße Gomadingen–Buttenhausen folgen Sie nach rechts und biegen nach 100 m links ab auf ein nach Ödenwaldstetten führendes Sträßchen (gelbes Dreieck, Wanderheim Sternberg). Hier überqueren Sie die Große Lauter sowie eine Bahnlinie und steigen am Hang des Lautertals etwa 500 m weit an. Ein rechts abzweigender Forstweg (roter Balken, A. T. Sternberg, HW 5, Burgenweg) führt bequem zur Landstraße Gomadingen-Ödenwaldstetten (1:30 Std.).

Auf der Straße nach rechts (roter Balken) und nach 250 m scharf links abbiegen auf einen Wirtschaftsweg, der im **Wolfstal**, einem Trockental, leicht ansteigt. Am Waldrand wenden Sie sich nach rechts (roter Balken) auf den Lerchentalweg und steigen nun am bewaldeten Südosthang des Sternbergs an. Diesen Weg verlassen Sie wenige Minuten später nach links (roter Balken) und steigen nun steiler auf zu einer weitläufigen Wacholderheide. Am Rand der Heidefläche und vorbei an einer Doline erreichen Sie den Gipfel des **Sternbergs** (844 m; 2 Std.).

Der Sternberg ist einer der wenigen zum so genannten Schwäbischen Vulkan gehörenden Vulkanschlote, in denen vor rund 15–17 Mill. Jahren Magma bis an die Erdoberfläche drang.

Auf dem Gipfel befinden sich ein Albvereins-Wanderheim und eine Grillstelle sowie ein jederzeit zugänglicher Aussichtsturm,

13

Tipp

Im **Landesgestüt Marbach** Zucht von württembergischen Warmblutpferden, arabischen Vollblut- und schweren Kaltblutpferden (ganzjährig 8–12 und 13–17 Uhr); im **Gestütsmuseum Offenhausen** Exponate, Dias und Videofilm zum Thema Pferdezucht (im Sommer Mo–Sa 14–17, So 10–12 und 13–17 Uhr).

von dem sich ein weiter Blick bietet: nach Norden bis zur Teck, nach Süden – bei entsprechendem Wetter – bis zu den Alpen.

Vom Wanderheim aus führt der Weg (gelbes Dreieck, Offenhausen, Burgenweg) bergab, passiert einen ehemaligen Basaltbruch und bemooste Schwammstotzen. Am Fuß des Sternbergs überqueren Sie die Straße Gomadingen-Bernloch und folgen einer Allee hinunter zu dem idyllisch gelegenen Weiler **Offenhausen** (2:15 Std.).

In dem ehemaligen Dominikanerinnenkloster (1258–1575) sind die Hengst-Aufzuchtstation des Gestüts Marbach sowie ein Gestütsmuseum untergebracht, im zugänglichen einstigen Klostergarten entspringt die Große Lauter. Auf demselben Weg kehren Sie zurück, überqueren wieder die Straße Gomadingen-Bernloch

und biegen am Waldrand links ab (keine Markierung; Ausschilderung: Panoramaweg). Der Forstweg steigt am Nordhang des Sternbergs zunächst entlang des Waldrands leicht an und ermöglicht einen Ausblick auf das Lautertal mit Gomadingen. In einem weiten Rechtsbogen führt der Weg in den Wald hinein, kreuzt einen breiten Pfad und mündet in einen Schotterweg (ca. 2:45 Std.).

Nach links bergab (gelbe Raute) gelangen Sie auf eine Wacholderheide mit dem Rast- und Spielplatz Kälbersberg, von dem ein Pfad am rechten Rand der Heidefläche weiterführt zum Ortsrand von **Gomadingen**. Der Hollenbergstraße folgen Sie nach rechts bergab, wenden sich in der Brunnenstraße nach links und biegen rechts ein in die Hülbenstraße, die zu Ihrem Ausgangspunkt zurückführt.

Auszeichnungen an einer Stalltür im Landesgestüt Marbach.

14 Zum Schloss Lichtenstein

Ein Schloss und zwei Höhlen: Lichtenstein – Unterhausen – Nebelhöhle – Schloss Lichtenstein – Honau – Unterhausen

 mittel

 13 km

 3 ¾ Std.

↑ 360 m ↓ 360 m

☺ ab 10

Tourencharakter: Kurzweilige Rundwanderung mit längerem Anstieg; Besichtigung von Höhlen, einem Schloss und einem Museum; Ausblicke. Variante fast ohne Anstieg.
Beste Jahreszeit: April–Okt.
Ausgangspunkt: Lichtenstein-Unterhausen im Echaztal.
Endpunkt: Unterhausen.
Wanderkarte: LVA B-W-Freizeitkarte 523 (Tübingen), 1 : 50 000.
Markierung: Blaues Dreieck, rotes Dreieck, blaues Dreieck, blaue Raute.
Verkehrsanbindung: PKW: Von Reutlingen B 312 über Pfullingen nach Lichtenstein-Unterhausen; Parkplatz an der Durchgangsstraße bei Gast-

haus Stern. **Bahn:** Stuttgart–Tübingen bis Reutlingen und **Buslinie** Reutlingen– Münsingen, in Unterhausen Haltestelle Ludwigstr. (Gasthof Stern).
Einkehr: Gaststätten in Unterhausen und Honau; Gasthaus an der Nebelhöhle (April–Okt. tägl., März und Nov. Sa/So); Kalkofenhütte (Mo–Fr ab 13, Sa/So ab 9 Uhr); Gaststätte Altes Forsthaus bei Schloss Lichtenstein(April–Okt. Mi–So 12–18 Uhr, sonst sonn- und feiertags 12–18 Uhr).
Unterkunft: In Unterhausen Gästehaus Krone (Tel. 07129/9 25 99-0).
Tourist-Info: Gemeindeverwaltung, 72805 Lichtenstein, Tel. 07129/6 9611, Fax 63 89, www.gemeinde-lichtenstein.de.

Einem »Märchenschloss« gleicht Schloss Lichtenstein, das auf einer Felsnadel thront. Steil ist der Aufstieg aus dem Echaztal und ebenso steil der Abstieg, doch die Mühen lohnen sich, kann man doch außer dem Schloss auch noch die nahe gelegene Nebelhöhle besichtigen.

Der Wegverlauf

Vom Parkplatz in **Lichtenstein-Unterhausen** überqueren Sie die Ortsdurchfahrt, folgen der Nebelhöhlenstraße (Markierung: blaues Dreieck, Nebelhöhle) zum Ortsende und weiter in den Talschluss (30 Min.).

Wo sich das Sträßchen gabelt, halten Sie sich links und steigen nun an (blaues Dreieck) zur felsigen Talkante. Kurz unterhalb der Traufkante der verschlossene Eingang zur »alten« Nebelhöhle, auf der **Albhochfläche** eine Festwiese (1 Std.), auf der jedes Jahr am Pfingstmontag das Nebelhöhlenfest abgehalten wird. Sie überqueren (rotes Dreieck) den Festplatz und erreichen in wenigen Minuten die 380 m lange **Nebelhöhle**, eine wegen höchst unterschiedlicher Ausformungen von Tropfsteinen interessante Höhle. Zurück zur Festwiese und entlang des Albtraufs (rotes Dreieck, Gießstein) gelangen Sie auf einem Waldweg zur Straße Unter-

Tipp

Öffnungszeiten: **Nebelhöhle:** April–Okt. täglich 8.30–17.30 Uhr, Nov. u. März So und feiertags 9–17:30 Uhr. Führungen im **Schloss Lichtenstein:** April–Okt. täglich 9–12, 13–17.30 Uhr, an Sonnund Feiertagen durchgehend; Nov., Febr., März nur Sa, So und feiertags 9–12, 13–17 Uhr; Dez. und Jan. geschlossen. **Wilhelm-Hauff-Museum** in Honau: April–15. Nov. Sa, So und feiertags 14–17 Uhr. **Olgahöhle** (Anmeldung im Altenheim Olgahöhle): April–Nov. jeden 1. So im Monat, 10–17 Uhr.

Jahrtausende alt sind die Tropfsteine in der Nebelhöhle.

14

hausen–Genkingen (1:30 Std.) – rechter Hand die Kalkofenhütte – und überqueren die Straße.

Ein leicht ansteigender Pfad (rotes Dreieck) verläuft an der Hangkante, vorbei an einem nach 200 m links abzweigenden Zugang zu einer kleinen Höhle, dem Goldloch, zum Aussichtsfelsen **Gießstein** (789 m; 2 Std.). Entlang der Hangkante passieren Sie weitere Aussichtsfelsen, kreuzen die Schlosssteige, einen tief eingeschnittenen Hohlweg – einstige Verbindung zwischen dem Echaztal und Schloss Lichtenstein – und erreichen das Gasthaus »Altes Forsthaus«, kurz danach das malerisch auf einem Felsen sitzende **Schloss Lichtenstein** (2:30 Std.).

Prunkvoll ausgestattet sind die Räume im Schloss Lichtenstein, das man im Rahmen einer Führung besichtigen kann.

Nur der eigentliche Schlossbau kann im Rahmen von Führungen besichtigt werden. Die Nebengebäude – u. a. auch der Fürstenbau, der von der herzoglichen Familie genutzt wird –, die den Schlosshof einfassen, sind nicht zugänglich.

Zwischen 1839 und 1842 ließ Graf Wilhelm von Württemberg (1810–1869), späterer Herzog von Urach, das Schloss an derjenigen Stelle erbauen, an der im Mittelalter ein Jagdschloss gestanden hatte. Zum Bau dieser »Ritterburg« im neugotischen Stil inspiriert hatte ihn der vom schwäbischen Dichter Wilhelm Hauff (1802–27) geschriebene historische Roman »Lichtenstein«, dessen Hauptschauplätze das mittelalterliche Jagdschloss Lichtenstein und die Nebelhöhle sind.

Vom asphaltierten Weg zwischen Schloss und Parkplatz biegen Sie links ab (Ausschilderung: Ruine Alter Lichtenstein) zur Hangkante, wo eine geologische Pyramide über den Alb-Aufbau informiert und eine Büste an Wilhelm Hauff erinnert.

Weiter entlang des Albtraufs (rotes Dreieck) erreichen Sie die **Burgruine Alt-Lichtenstein**, halten sich dort links (blaues Dreieck) und steigen in Kehren am Hang ab. In den Felstrümmern beim Kassenfels folgen Sie dem rechts abzweigenden Pfad (blaue Raute) zur **Echazquelle**, deren Wasser großteils als Trinkwasser

*Schloss
Lichtenstein
an der Kante
des Echaztals*

gefasst wird. Talabwärts entlang der Echaz (blaues Dreieck), am Ortsrand von **Lichtenstein-Honau** (3 Std.) über das Flüsschen und auf der Ortsdurchfahrt nach links gelangen Sie zum **Wilhelm-Hauff-Museum**, das über den Dichter und sein Meisterwerk informiert, den im Jahr 1826 publizierten Roman »Lichtenstein«.

Von der Ortsdurchfahrt biegen Sie, talabwärts unweit des Museums, rechts ab in die Schulstraße (blaues Dreieck), überqueren erneut die Echaz und passieren das Pilger- und Altersheim **Olgahöhle**, wo sich der Eingang zur Olgahöhle befindet. Diese Höhle ist keine Tropfsteinhöhle, sondern ein Hohlraum in den wesentlich jüngeren Kalktuff-Ablagerungen der Echaz.

Am Fuß des Talhangs folgen Sie talabwärts einem asphaltierten Weg, halten sich auf Höhe eines Bauhofs zunächst rechts und biegen unweit eines einstigen Bahnhofs links ab. In der Bahn-

> **Tipp**
>
> Bekannt für Forellen aus eigener Zucht ist der an der Ortsdurchfahrt Honau gelegene **»Forellenhof Rössle«** (kein Ruhetag), auf dessen Speisekarte mehrere Forellengerichte stehen. Serviert werden diese in gepflegten Goasträumen und auf der Terrasse an der Echaz. Zum Mitnehmen werden frische und geräucherte Forellen auch im zugehörigen Forellenladen angeboten.

hofstraße erreichen Sie die ersten Wohnhäuser von **Lichtenstein-Unterhausen** (3:30 Std.) und kehren in der fünften Querstraße, der Ludwigstraße, zu Ihrem Ausgangspunkt zurück.

Variante ohne Anstieg (Weglänge: 9,5 km, Gehzeit: 3 Std.): Parkplatz Schloss Lichtenstein – Schloss Lichtenstein – am Schloss nach links (rote Gabel) auf Waldweg, dann auf Sträßchen und wieder auf Waldweg zur Nebelhöhle. Rückweg siehe obige Wegbeschreibung.

15 Zum Aussichtsturm auf dem Rossberg

Ausblick und Einkehr: Schützenhaus bei Gönningen – Rossberg (869 m) – Jägerweg – Schützenhaus

 mittel

 4,5 km

 1 ¾ Std.

 ↑ 280 m ↓ 280 m

 ja

Tourencharakter: Rundwanderung am Albtrauf mit steilem Anstieg; Rundblick vom Aussichtsturm.
Beste Jahreszeit: April–Okt.
Ausgangspunkt: Gönningen, Ortsteil von Reutlingen im Tal der Wiesaz.
Endpunkt: Gönningen.
Wanderkarte: LVA B-W-Freizeitkarte 523 (Tübingen), 1:50 000.
Markierung: Blaues Dreieck, blaue Gabel, blaue Raute.
Verkehrsanbindung: PKW: Von Reutlingen auf Landstraße nach Gönningen; in der Ortsmitte Gönningen am Rathaus rechts abbiegen in die ansteigende

Roßbergstraße, am Ortsende nach links zu ausgeschildertem Wanderparkplatz.
Bahn: Stuttgart–Tübingen bis Reutlingen; **Bus:** Linie Reutlingen–Gomaringen, in Gönningen Haltestelle Rathaus.
Einkehr: Albvereins-Wanderheim Roßberg (Ruhetag Mo Nachmittag und Di).
Unterkunft: In Bronnweiler, einem Nachbarort von Gönningen) Gasthaus Rose (Tel. 07072/25 97); Albvereins-Wanderheim Rossberg (Tel. 07072/70 07).
Tourist-Info: 72764 Reutlingen, Tel. 07121/3 03-26 22, Fax 33 95 90, Internet www.reutlingen.de

Auf dem steilen Kegel des Rossbergs steht einer der 12 Aussichtstürme des Schwäbischen Albvereins, von dem man eine herrliche Aussicht genießt auf den Albtrauf und das Albvorland; angeschlossen ist ein Wanderheim, in dem man einkehren und übernachten kann.

Der Wegverlauf

Vom **Wanderparkplatz** (ca. 600 m) oberhalb von **Gönningen** folgen Sie einem Sträßchen, der 1934 gebauten Rossbergsteige, bergauf zu einem Schützenhaus und hier nach links einem Wald-

weg (Markierung: blaues Dreieck, Rossberg A.T.). Nach 50 m überqueren Sie die Rossbergsteige, wenden sich sofort nach links (blaues Dreieck) und steigen am bewaldeten Hang steil hoch zur Kante der **Albhochfläche** (30 Min.).

Geradeaus überqueren Sie das offene **Rossfeld**, kreuzen die Rossbergsteige und passieren einen weitläufigen Parkplatz. In Kehren führt ein Weg (blaues Dreieck)

15

Tipp

Ab Mitte des 18. Jh. zog, durch bittere Armut gezwungen, jeweils im Sommer etwa die Hälfte der Gönninger Männer und Frauen, mit Samen und Blumenzwiebeln als Handelsware im Gepäck, in alle Welt hinaus. Über diesen **Samenhandel**, der das Überleben der Gönninger Einwohnerschaft sicherte, informiert ein kleines **Museum** im Gönninger Rathaus (Mo–Fr 8–12, Mo 14–18 Uhr).

am bewaldeten Hang des kegelförmigen Rossbergs recht steil hinauf zum Gipfel des **Rossbergs** (869 m; 1 Std.), auf dem sich ein Aussichtsturm mit Wanderheim des Schwäbischen Albvereins befindet.

Der Blick vom 30 m hohen **Aussichtsturm** (nur zugänglich, wenn das Albvereinshaus geöffnet ist) umfasst weite Bereiche der Albhochfläche und den Albtrauf, den Mittleren Neckarraum mit Stuttgart und den Schurwald, das dunkle Band des Schwarzwalds und, bei guten Sichtverhältnissen, die Alpen.

Vom Wanderheim folgen Sie dem Sträßchen (blaue Gabel, Jägerweg, Gönningen) und biegen nach etwa 30 m ausgangs einer Linkskehre scharf rechts ab (blaue Gabel). Der Pfad führt hinunter an den Fuß des Rossbergs, kreuzt einen Wirtschaftsweg und verläuft, nun als »Jägerweg« bezeichnet (blaue Gabel), im Wald bequem hangabwärts. Nach knapp 1 km knickt der Pfad in einer Erosionsrinne scharf rechts ab und führt zum Waldrand, wo Sie sich an einer Weggabelung rechts halten (blaue Raute) zur Rossbergsteige und auf dem Sträßchen an Ihren Ausgangspunkt zurückkehren.

Vom Aussichtsturm auf dem Rossberg blickt man den Albtrauf entlang und über das Albvorland auf den Schwarzwald.

16 Das Seeburger Tal

Auf Rulamans Spuren: Parkplatz im Seeburger Tal – Wittlingen – Seeburg – Burgruine Hohenwittlingen – Schillerhöhle – Parkplatz

 mittel

 11 km

 3 ¾ Std.

 ↑ 340 m ↓ 340 m

 ab 10

Tourencharakter: Abwechslungsreiche Rundwanderung in landschaftlich reizvollem Gebiet; ein steiler und ein mäßiger Anstieg.
Beste Jahreszeit: April–Okt.
Ausgangspunkt: Kleiner Parkplatz im Seeburger Tal an der B 465 Bad Urach-Münsingen.
Endpunkt: Wie Ausgangspunkt.
Wanderkarte: LVA B-W-Freizeitkarte 524 (Bad Urach), 1 : 50 000.
Markierung: Gelbe Raute, gelbes Dreieck, gelbe Gabel.
Verkehrsanbindung: PKW: A 8 Stuttgart–München, Ausfahrt Wendlingen; B 313 über Nürtingen nach Metzingen, B 28 nach Bad Urach und B 465 in Richtung Münsingen; 2 km hinter Bad

Urach, 50 m nach der Linksabzweigung nach Wittlingen, Parkmöglichkeit für 5–6 Pkw. **Bahn:** Stuttgart–Tübingen bis Metzingen und umsteigen in die Ermstalbahn nach Bad Urach; **Bus:** Metzingen–Münsingen, Haltestelle Hohenwittlingen.
Einkehr: Gaststätten in Wittlingen; Gaststätten in Seeburg, u. a. Gaststätte Lamm (Ruhetag Mo) und Café Schlössle (Ruhetag Mo).
Unterkunft: In Bad Urach mehrere Hotels und Gasthöfe; JH Bad Urach (Tel. 07125/80 25).
Tourist-Info: Bei den Thermen 4, 72574 Bad Urach, Tel. 07125/94 32-0, Fax 94 32-22, Internet www.bad-urach.de

Rulaman, ein Häuptlingssohn aus der Steinzeit, ist der Held des gleichnamigen Jugendbuchs, das sich der Zoologe David Friedrich Weinland (1829–1915) für seine Söhne ausdachte, während er mit ihnen die Wälder und Höhlen rund um seinen Wohnsitz, das Hofgut Hohenwittlingen, erforschte. Einer der Schauplätze im Roman ist die Schillerhöhle. Über 100 Jahre lang gehörte der »Rulaman« zur selbst auferlegten »Pflichtlektüre« eines jeden Jugendlichen in der Umgebung.

Tipp

Die »Ermstalfischerei« – eine Fischzuchtanlage mit Angelsee unterhalb der Burgruine Baldeck – bietet an einem Kiosk mit Terrasse gegrillte und geräucherte Forellen sowie Getränke an (tägl. außer Di 9–17 Uhr).

Der Wegverlauf

Vom Parkplatz an der B 465 im **Seeburger Tal**, wie das Tal der Erms zwischen Seeburg und Bad Urach genannt wird, führt ein Forstweg (Markierung: Gelbe Raute, gelbe Gabel, Wittlingen) entlang des Föhrenbachs talaufwärts. Das Tal verengt sich zur felsigen **Wittlinger Schlucht**. Während der markierte Weg rechts abknickt in Richtung Hohenwittlingen, gehen Sie geradeaus (keine Markierung) in den Talschluss, wo der Bach über mehrere Felsstufen abfließt. Sie überqueren den Bach, folgen dem nun steiler ansteigenden Pfad durch eine felsige Engstelle, anschließend einem breiteren Weg zum Waldrand und nach **Wittlingen** (45 Min.), das auf der Albhochfläche geschützt in einem Maar liegt.

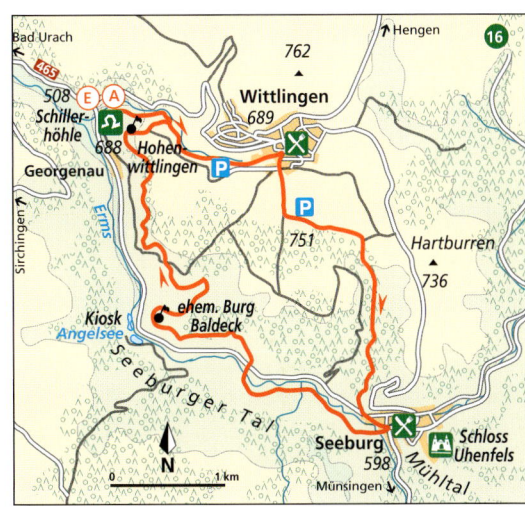

In der Ortsmitte halten Sie sich am Brunnen auf dem Zehntplatz rechts in die Straße Bucherweg (gelbes Dreieck), nach 100 m an einer Gabelung links und steigen zum Waldrand an, wo der Weg nach links (gelbes Dreieck, Seeburg) zum Sportplatz führt. Ein Pfad führt geradeaus weiter und schwenkt an der Waldecke rechts ab in ein flaches Wiesental. Hier folgen Sie nicht dem Weg nach rechts bergab, sondern queren nach links eine Wiese und steigen entlang des Waldrands bequem ab zu einer Weggabelung in einem niederen Sattel. Nach links bergab gelangen Sie zum Café Schlössle im Seeburger Tal und entlang der B 465 wenig später in das Dörfchen **Seeburg** (1:30 Std.), das zwischen felsdurchsetzten Talhängen liegt.

Drei Täler laufen hier zusammen: Das Seetal, in dem die B 465 nach Münsingen verläuft, das Mühltal, in dem die Erms entspringt, und das Fischburgtal, in dem sich der so genannte »Bodenlose See« ab der Kirche ca. 2 km weit in das Tal hinaufzog. Im 19. Jh. wurde der durch eine natürliche Kalktuff-Barriere gestaute See abgelassen, weil das Wasser für die Flößerei benötigt wurde.

Am Parkplatz des Gasthauses »Lamm« wenden Sie sich nach rechts auf einem Fuß- und Radweg über die Erms (gelbe Gabel, Hohenwittlingen) und folgen dem »Grünen Weg« bequem talabwärts durch das Seeburger Tal.

Nur wenige Mauerreste blieben übrig von der einstigen Burg Baldeck, die eine Engstelle im Seeburger Tal überwachte.

16

Etwa 600 m nach einem Grillplatz (2 Std.; gelbe Gabel, Hohen-wittlingen) überqueren Sie sowohl die Erms als auch die B 465 und steigen in Kehren am Talhang an. Auf halber Hanghöhe führt der gut markierte Wanderweg (gelbe Gabel) in leichtem Anstieg talabwärts.

An einer Weggabelung (knapp 2:30 Std.) gelangen Sie nach links (keine Ausschilderung) zur **Burgruine Baldeck**. Vom »Mörder-schlössle«, wie die Ruine im 17./18. Jh. genannt wurde, als We-gelagerer hier Unterschlupf fanden, ist allerdings nicht mehr viel zu sehen. Beeindruckend aber ist der Ausblick ins Seeburger Tal.

Von der Burgstelle steigen Sie 100 m weit steil an zum markierten Wander-weg, folgen ihm nach links in einen Taleinschnitt und, stetig leicht bergan, zur **Burgruine Hohenwittlingen** (3:15 Std.).

Die auf einem Felssporn über dem Tal sitzende Burg war gegen Angriffe von der Hochfläche her durch zwei Gräben sowie eine hohe Schildmauer ge-schützt. Auf den Resten dieser Schild-mauer befindet sich heute eine Aus-sichtsplattform.

Abstecher zum einstigen Wohnsitz des »Rulaman«-Autors D. F. Weinland (hin

Beliebte Ein-kehrmöglich-keit: das Cafè Schlössle, ein-gerichtet in einem Ende des 19. Jahr-hunderts als Sanatorium erbauten Ju-gendstilge-bäude.

und zurück 15 Min.): Vom Burggraben auf breitem Weg (Aus-schilderung: Wittlingen) zum Gebäudekomplex des **Hofguts Hohenwittlingen**; auf gleichem Weg zurück.

Zur Fortsetzung der Wanderung folgen Sie bei einer Schutzhütte am Burggraben einem Pfad (gelbe Gabel, Schillerhöhle), der über Stufen steil hangabwärts führt zur **Schillerhöhle**. Diese 91 m lange, begehbare Höhle – zum Schutz von Fledermäusen ge-schlossen 15. Nov.–14. April – ist die Tulkahöhle des »Rulaman«, in der der Held mit seiner Familie hauste.

In Kehren steigen Sie vollends hinunter in die **Wittlinger Schlucht** und kehren entlang des Föhrenbachs an Ihren Aus-gangspunkt zurück.

Auf der Uracher Alb

17

Wasserfälle und Burgruine: Parkplatz unterhalb Hohenurach – Gütersteiner und Uracher Wasserfall – Burgruine Hohenurach – Parkplatz

Tourencharakter: Abwechslungsreiche, anstrengende Rundwanderung am stark gegliederten Albtrauf mit mehreren Anstiegen; zwei Wasserfälle, frühgeschichtliche Burgstelle, malerische Burgruine. Kürzere Variante mit geringerem Anstieg, siehe Ende der Tourbeschreibung.
Beste Jahreszeit: Ende März–Okt.
Ausgangspunkt: Parkplatz unterhalb Ruine Hohenurach; bei Bad Urach, Heilbad und Luftkurort im Ermstal.
Endpunkt: Wie Ausgangspunkt.
Wanderkarte: LVA B-W-Freizeitkarte 524 (Bad Urach), 1 : 50 000.
Markierung: Blaues Dreieck, rote Gabel, rotes Dreieck, rote Gabel.
Verkehrsanbindung: PKW: A 8 Stuttgart–München, Ausfahrt Wendlingen;

B 313 über Nürtingen nach Metzingen, B 28 nach Bad Urach; an der ersten Ampelkreuzung am Stadtrand rechts abbiegen zum Parkplatz »Wasserfall«.
Bahn: Linie Stuttgart–Tübingen bis Metzingen, umsteigen in die Ermstalbahn; Haltestelle Bad Urach-Wasserfall.
Einkehr: Maisentalstüble am Parkplatz »Wasserfall« (Di–So ab 10 Uhr); Naturfreundehaus Rohrauer Hütte (kurzer Abstecher; Sa, So und feiertags geöffnet); Kiosk am Kopf des Wasserfalls (nur im Sommer).
Unterkunft: In Bad Urach mehrere Hotels und Gasthöfe. JH Bad Urach (Tel. 07125/80 25).
Tourist-Info: Bei den Thermen 4, 72574 Bad Urach, Tel. 07125/94 32-0, Fax 94 32-22, www.bad-urach.de

mittel

10 km

3 ½ Std.

 ↑ 490 m
 ↓ 490 m

ab 10

Die Umgebung von Bad Urach gilt als eine der reizvollsten Landschaften der Mittleren Alb mit dem höchsten Wasserfall der Alb, mit der malerischen Burgruine Hohenurach und einer alemannischen Burgstelle auf dem Runden Berg.

Der Wegverlauf

Am Parkplatz »**Wasserfall**«, unterhalb der Burgruine Hohenurach gelegen, überqueren Sie die Parkplatz-Zufahrtsstraße und folgen einem anfangs asphaltierten Weg (Markierung: Blaues Dreieck, Gütersteiner Wasserfall), der im breiten Maisental den Brühlbach – Abfluss des Uracher Wasserfalls – überquert. Nach einigen hundert Metern halten Sie sich an einer Weggabelung rechts (rote Gabel, Gütersteiner Wasserfall), an einem Weiher links

Tipp

Sehenswert in der Altstadt von **Bad Urach** ist u. a. der **Marktplatz** mit spätgotischem Brunnen und Fachwerk-Rathaus (15. Jh.); das **Haus am Gorisbrunnen**, ein Fachwerkhaus (15 Jh.) im Stil eines italienischen Renaissancehauses; das **Residenzschloss**, in dem im 15. Jh. die Uracher Linie der Grafen von Württemberg lebte (Führungen täglich außer Mo); die **St. Amanduskirche**, eine spätgotische Basilika (1475–1500).

In **Bad Urach** gibt es mehrere Bademöglichkeiten: Von Mitte Mai bis Mitte September im reizvoll gelegenen **Höhenfreibad** am Tiergartenberg; bei kühlerem Wetter ganzjährig im **Thermalbad** Alb Thermen oder im Wellen- und Freizeitbad **Aquadrom**.

und passieren den **Gestütshof Güterstein**, eine Zweigstelle des Landesgestüts Marbach (30 Min.).

Kurz darauf steigen Sie an einer Weggabelung nach rechts (blaues Dreieck) in Kehren steil an zum **Gütersteiner Wasserfall** (45 Min.).

Unterhalb einer Felswand fließt von einer aus Kalksinter gebildeten Terrasse mit kleinen Wasserbecken – hier stand im Mittelalter zunächst eine Kartause, dann ein kleines Kloster – das Wasser über schmale, aus angelagertem Kalk entstandene Felssporne ab.

Ein Waldweg (rote Gabel), anschließend ein stetig ansteigender Forstweg (rote Gabel, Hölle) führen mehrere hundert Meter weit bergauf, und in einer Rechtskehre des Forstwegs halten Sie sich links (rote Gabel, Hölle) in einen Sattel, aus dem Sie vollends ansteigen zum kleinen Gipfelplateau des **Runden Bergs** (711 m; 1:15 Std.), einem jahrtausendelang besiedelten, nur durch einen schmalen Grat mit der Albhochfläche verbundenen kegelförmigen Berg. In den Boden eingeschlagene Pfosten vermitteln die Größe einer alamannischen Fürstenburg (4.–6. Jh.; Informationstafel); aus diesen Jahrhunderten stammen die bedeutendsten Funde, die bei den archäologischen Grabungen gemacht wurden.

Auf gleichem Weg kehren Sie durch den Sattel zurück, folgen dem Forstweg bergauf (rote Ga-

Imposante Überreste der Burg Hohenurach: der Giebel des einstigen Nordflügels.

17

bel, Fohlenhof) und biegen nach etwa 400 m links ab in einen Hohlweg (Ausschilderung: Rohrauer Hütte), der steil hinaufführt zur Hangkante.

Abstecher: an der Talkante nach rechts zur **Rohrauer Hütte** (hin und zurück 15 Min.).

Nach links entlang der Talkante gelangen Sie zum Steilabfall der **Rutschenfelsen** (ca. 760 m; Vorsicht mit Kindern!) mit einem Gedenkstein (1:45 Std.), einem hervorragenden Aussichtspunkt. Über diese etwa 90 m hohe Felswand wurde jahrhundertelang über eine Rutsche – daher angeblich der Name des Felsens – Brennholz zu Tal gebracht und auf Erms und Neckar in die Landeshauptstadt Stuttgart geflößt.

Entlang der Hangkante gehen Sie weiter, halten sich im Wald links (rotes Dreieck) und steigen kurz danach auf einem links abzweigenden Pfad (rote Gabel) steil ab zu einer Kalksinter-Terrasse (2:15 Std.), von der der **Uracher Wasserfall** 37 m tief hinabstürzt; im Hochsommer als dünnes Rinnsal, nach heftigen Niederschlägen oder in der Schneeschmelze als Wasserfall mit mehr als 1000 Litern pro Sekunde.

Auf dem Hangabsatz gehen Sie weiter, folgen einem Forstweg (rotes Dreieck) bequem zu einer Wegkreuzung in einem Sattel (Schutzhütte und Grillstelle) und steigen nochmals steil hoch zur sehenswerten **Burgruine Hohenurach** (692 m; 3 Std.).

Sie kehren in den Sattel zurück, wenden sich nach rechts bergab auf einen Forstweg (keine Markierung) oder halb rechts auf einen Waldweg (keine Markierung), der eine Kehre des Forstwegs abschneidet. Auf dem Grund des **Maisentals** nach rechts gelangen Sie wenig später zurück zu Ihrem Ausgangspunkt.

Über schmale Felssporne aus Kalksinter rauscht der Gütersteiner Wasserfall zu Tal.

Variante mit geringerem Anstieg, für Kinder geeignet (Gehzeit: 2:30 Std, Anstieg: 220 m): Bis zum Runden Berg (siehe Zeitangabe oben, 1:15 Std); im Sattel zwischen Rundem Berg und Albkante bergab (rote Gabel, Hölle) durch eine Felstrümmer-Steinschutt-Halde, die so genannte Hölle, zum Fuß des Uracher Wasserfalls (1:45 Std.) und bequem zurück zum Parkplatz.

18 Beim Gestütshof St. Johann

Entlang des felsigen Albtraufs: Gestütshof St. Johann – Aussichtsturm Hohe Warte – Höllenlöcher – Gestütshof St. Johann

 leicht

 11,5 km

 3 ¼ Std.

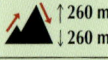 ↑ 260 m ↓ 260 m

 ja

Tourencharakter: Reizvolle Albrand-Wanderung zu Aussichtsfelsen und durch eine lange, mehrere Meter breite Felsspalte.
Beste Jahreszeit: April–Okt.
Ausgangspunkt: Gestütshof St. Johann.
Endpunkt: Wie Ausgangspunkt.
Wanderkarte: LVA B-W-Freizeitkarte 524 (Bad Urach), 1 : 50 000.
Markierung: Rotes Dreieck, rote Raute, rote Gabel.
Verkehrsanbindung: PKW: A 8, Stuttgart–München, Ausfahrt Wendlingen;

B 313 nach Metzingen, B 28 nach Bad Urach, B 465 in Richtung Münsingen; am Ortsende von Bad Urach rechts abbiegen und über Würtingen zu Parkplatz am Gestütshof St. Johann.
Einkehr: Gestütsgasthof St. Johann (Nov.–April, Ruhetag Mo).
Unterkunft: Gestütsgasthof St. Johann (Tel. 07122/92 96).
Tourist-Info: Rathaus, 72813 St. Johann-Würtingen, Tel. 07122/82 99-0, Fax 82 99 33, Internet www.st-johann.de

Auf dem »Rossfeld«, der baumlosen Hochfläche nördlich des Gestüts St. Johann, weideten bereits im 16. Jh. die Pferde der Bauern aus dem Ermstal; heute weiden auf den Koppeln die Pferde des Gestütshofs St. Johann und des Fohlenhofs, Außenstellen des Landesgestüts Marbach. Schöne Ausblicke bieten die zahlreichen Felsen sowie der Aussichtsturm Hohe Warte (an Sonn- und Feiertagen geöffnet; ansonsten Schlüssel im Gestütsgasthof St. Johann).

Der Wegverlauf

Vom **Gestütshof** folgen Sie einer Allee (Markierung: Rotes Dreieck, Hohe Warte) zum Waldrand und steigen in wenigen Minuten auf zum Aussichtsturm auf der bewaldeten Kuppe **Hohe Warte** (820 m; 15 Min). Sie halten sich geradeaus (rote Raute), kreuzen einen Forstweg und gelangen (rote Gabel) zum

18

Aussichtspunkt **Grüner Fels** (803 m; knapp 45 Min.) am Albtrauf. Von hier blicken Sie auf die Ortschaft Glems, auf Metzingen und auf den Kegel der Achalm. Entlang der Hangkante führt ein breiter Weg zum **Wiesfels** (mit Grillstelle). Sie kreuzen die von Glems heraufführende Zufahrt eines vor Ihnen liegenden Segelfluggeländes und passieren den **Rossfels** (775 m; 1 Std.), etwas später den **Olgafels** (786 m).

Kurz darauf folgen Sie einem Wirtschaftsweg (rote Gabel), der vor einem kleinen Hangeinschnitt eine scharfe Linkskurve bildet. Hier verlassen Sie den markierten Weg und steigen geradeaus auf einer Trittspur zum Waldrand an, wo die Spur in einen Pfad übergeht und zum **Sonnenfels** (777 m) führt, einem Aussichtsfelsen über dem Ermstal.

An der Hangkante gehen Sie weiter, stoßen wieder auf den markierten Weg und bleiben entweder auf dem bequemen Weg oder durchqueren die **Höllenlöcher** (1:30 Std.; → **Einführung**).

Die so genannten Höllenlöcher, ein ca. 20 m tiefer, parallel zum Albtrauf verlaufender Felsspalt.

Linker Hand beginnt ein parallel zur Hangkante verlaufender Felsspalt, der etwa 100 m lang und bis zu 20 m tief ist. Über eine Metallleiter steigen Sie hinunter und über eine weitere Leiter aus dem Spalt wieder hoch zum Kopf der **Rossbergsteige**.

Sie halten sich geradeaus (rote Gabel) entlang des Albtraufs und gelangen auf einem abzweigenden Pfad zum **Gelben Fels** (733 m; 2 Std.). Zurück auf dem Forstweg, kommen Sie zu einem weiteren Aussichtspunkt: Blick auf den Runden Berg und die Burgruine Hohenurach. Sie erreichen den Waldrand, wenden sich nach rechts (rote Gabel) und steigen zwischen Pferdekoppeln leicht an zum **Fohlenhof** (2:45 Std.).

Die schmale Straße, die entlang der Hofgebäude nach St. Johann führt, verlassen Sie nach Passieren der Gebäude nach rechts und folgen am Waldrand einem Waldlehrpfad (rote Gabel) zu einem Forsthaus. Nach links kehren Sie auf dem Zufahrtssträßchen zum **Gestütshof St. Johann** zurück.

19 Zur Burgruine Hohenneuffen

Ein geologischer Lehrpfad: Parkplatz bei Kohlberg – Jusi – Hörnle – Burgruine Hohenneuffen – Neuffen

 **mittel**

 **12 km**

 **4 ¼ Std.**

 ↑ 460 m ↓ 540 m

 ab 10

Tourencharakter: Anstrengende Wanderung entlang des Albtraufs; mehrere Anstiege; Ausblicke.
Beste Jahreszeit: April–Okt.
Ausgangspunkt: Wanderparkplatz »Raupental« am Fuß des Jusi.
Endpunkt: Neuffen.
Wanderkarte: LVA B-W-Freizeitkarte 524 (Bad Urach), 1 : 50 000.
Markierung: Blaues Dreieck, rotes Dreieck, blaues Dreieck.
Verkehrsanbindung: Pkw: A 8, Stuttgart–München, Ausfahrt Wendlingen; B 313 über Nürtingen nach Metzingen; Landstraße in Richtung Neuffen zu einem Wanderparkplatz 200 m vor dem Ortsbeginn Kohlberg. **Bahn:** Linie Stuttgart–Tübingen bis Metzingen. **Bus:** Linie Metzingen–Neuffen, am Ortsbeginn von Kohlberg Haltestelle Goethestraße. **Rückfahrt:** Mit Buslinie Neuffen–Metzingen nach Kohlberg.
Einkehr: In der Burgruine Hohenneuffen ein Kiosk (1. April–31. Okt. tägl.) und Restaurant (ganzjährig Mi–So); Gaststätten in Neuffen und Kohlberg.
Unterkunft: Mehrere Gasthöfe in Metzingen und Neuffen.
Tourist-Info: Verkehrsverein Teck-Neuffen, Max-Eyth-Str. 15, 73230 Kirchheim/Teck, Tel. 07021/30 27, Fax 48 05 38, www.albtrauf.de

Der »Ströhmfeldweg«, ein geologischer Lehrpfad, führt von Metzingen nach Neuffen durch das Gebiet des »Schwäbischen Vulkans« (→ **Einführung**). Der Jusi ist mit einem Schlot-Durchmesser von 1 km der größte Vulkanschlot der Gegend.

 Tipp Im Rahmen des »Kultursommers« finden im Burghof des Hohenneuffen zahlreiche Veranstaltungen statt: Musik – von Jazz bis Rock –, Theater, Kabarett (1. April–31. Okt.; Programm im Internet unter www.hohenneuffen.de).

Der Wegverlauf

Vom **Wanderparkplatz »Raupental«** bei Kohlberg steigen Sie über den fast baumlosen Nordwesthang des Jusibergs steil auf (Markierung: Blaues Dreieck, Jusi, Neuffen) zur Gipfelhochfläche (673 m; knapp 0:30 Std.; Grillstelle); herrlicher Blick auf das Albvorland.

Der Weg führt auf der Scheitelhöhe des bewaldeten Jusi-Ostausläufers bequem hinunter in den **Sattelbogen** (600 m) und geradeaus über das **Hörnle** (706 m; 1 Std.) – die Nordflanke wurde bis knapp unterhalb der Scheitelhöhe vom ehemaligen Zementwerk in Nürtingen abgetragen – in den Sattel **Schillingskreuz** (635 m; 1:30 Std.). Kurzzeitig steil bergauf (blaues Dreieck) und an der Hangkante nach links. Sie überqueren die von Neuffen heraufführende Steige (2:15 Std.; rotes Dreieck), gehen kurzzeitig nach rechts neben der Straße und nach links zu einer modernen Skulptur in Form einer Brille.

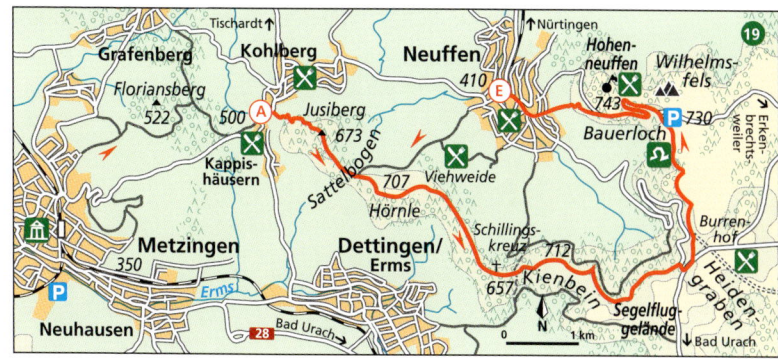

Vorbei am »**Heidengraben**« – Wall und Graben einer keltischen Fliehburg – und entlang der Hangkante, vorbei an so genannten Höllenlöchern (→ **Einführung**), erreichen Sie einen großen Wanderparkplatz.

Nach links folgen Sie einem breiten Forstweg in einen Sattel und steigen steil hoch zur **Burgruine Hohenneuffen** (743 m; 3:30 Std.). Die Burg wurde um 1100 erbaut, ging 1301 an die Grafen von Württemberg über und wurde zu einer mächtigen Landesfestung ausgebaut.

Zurück im Sattel unterhalb der Burg, steigen Sie auf einem rechts abzweigenden Weg ab (blaues Dreieck), verlassen nach knapp 1 km diesen Weg nach links (blaues Dreieck) und gelangen über eine Wacholderheide und durch Weinberge in das Städtchen **Neuffen** (4:15 Std.).

Auf der Ortsdurchfahrt nach rechts durchqueren Sie den Stadtkern und halten sich an einem Kreisverkehr links in die Reutlinger Straße zur Bushaltestelle »Lindenplatz«.

Per Bus (Fahrtdauer: 10 Min.) nach **Kohlberg**, Haltestelle Goethestraße am Ortsende. Auf dem Gehweg an der Straße 200 m zum Ausgangspunkt.

In beherrschender Lage wurde um 1100 die Burg Hohenneuffen erbaut; heute ein viel besuchtes Ausflugsziel der eindrucksvollen Mauerreste und des Ausblicks wegen.

20

Auf der Grabenstettener Berghalbinsel

Am Heidengraben entlang: Pfäler Tal – Falkensteiner Höhle – Heidengraben – Burgruine Hofen – Grabenstetten – Kaltental – Pfäler Tal

 mittel

 13 km

 3 ½ Std.

 ↑ 240 m ↓ 240 m

 ja

Tourencharakter: Historisch interessante Rundwanderung; kurzer, steiler Anstieg zur Albhochfläche; keltische Fliehburg, Höhle, Burgruine.
Beste Jahreszeit: April–Okt.
Ausgangspunkt: Wanderparkplatz im Pfäler Tal bei Bad Urach.
Endpunkt: Wie Ausgangspunkt.
Wanderkarte: LVA B-W-Freizeitkarte 524 (Bad Urach), 1 : 50 000.
Markierung: Rote Gabel, rote Raute; einzelne Abschnitte ohne Markierung bzw. mit Täfelchen (keltischer Radnabenstift) eines archäologischen Lehrpfads.

Verkehrsanbindung: PKW: A 8 Stuttgart–München, Ausfahrt Wendlingen; B 313 nach Metzingen; B 28 nach Bad Urach und in Richtung Ulm; links abbiegen in Richtung Grabenstetten; nach 1,5 km Wanderparkplatz »Pfälerbraike«.
Unterkunft: In Bad Urach mehrere Hotels und Gasthöfe. JH Bad Urach (Tel. 07125/80 25).
Einkehr: Gaststätten in Grabenstetten; Gaststätte Pfälhof.
Tourist-Info: Bei den Thermen 4, 72574 Bad Urach, Tel. 07125/94 32-0, Internet www.bad-urach.de

Nach heftigen Regenfällen fließt die Elsach aus dem gewaltigen Tor der Falkensteiner Höhle.

Die Wälle und Gräben in der Umgebung von Grabenstetten, »Heidengraben« genannt, sind Überreste einer keltischen Fliehburg. Ständig besiedelt war vermutlich nur eine auf der Westseite des Plateaus gelegene Berghalbinsel, die »Elsachstadt«.

Der Wegverlauf

Gegenüber dem **Wanderparkplatz »Pfälerbraike«** an der Straße Bad Urach-Grabenstetten folgen Sie einem Fahrweg entlang eines Campingplatzes und über die Elsach. An der folgenden Weggabelung nach rechts (Markierung: rote Gabel, Falkensteiner Höhle), talaufwärts entlang der Elsach, auf der Straße Bad Urach-Grabenstetten über die Elsach und talaufwärts zur **Elsach-Quelle** (45 Min.) und zur **Falkensteiner Höhle** (→ Special). Ein steiler Pfad führt auf die Albhochfläche zum **»Heidengra-**

Special

Die Elsach, die bis etwa 1830 durch den Eingang der **Falkensteiner Höhle** abfloss, versickert heute innerhalb der Höhle und tritt 200 m weiter talabwärts aus. Nur nach starken Regenfällen fließt sie noch durch das Höhlentor aus. Von einer Begehung der Höhle auf eigene Faust wird dringend abgeraten!

20

ben« (1 Std.), einem etwa 3 m hohen Wall mit verfülltem Graben, der zu keltischer Zeit die Berghalbinsel um Grabenstetten hier, an der schmalsten Stelle, von der Albhochfläche abriegelte.

Entlang des Heidengrabens (Markierungstäfelchen: Radnabenstift; Achtung: »Sammler« montieren immer wieder die Täfelchen ab!), die Straße kreuzen und nach links neben der Straße, dann nach rechts über einen Aussiedlerhof zum Waldrand und zur **Burgruine Hofen** (mit Grillstelle; 1:30 Std.).

Auf Wirtschaftsweg nach **Grabenstetten** (1:45 Std.), auf der Ortsdurchfahrt nach rechts und entlang der nach Bad Urach / Neuffen führenden Straße. Am Ortsende an der Linksabzweigung der Straße nach Bad Urach vorbei, nach 250 m links abbiegen auf den Fahrweg Unterm Kreuz (keine Markierung). An der folgenden Weggabelung geradeaus zu einem weiteren Abschnitt des »**Heidengrabens**«, durch eine Lücke im Wall, sofort nach rechts auf einen Wiesenweg und auf über 1 km Länge (sporadische Markierung: keltischer Radnabenstift) entlang des Walls zum Waldrand (2:45 Std.). Hier nach rechts durch ein Tor der »**Elsachstadt**« (Info-Tafel), nach wenigen Metern links (keine Markierung; Name des Gewanns: Winkel) auf Waldweg in ein enges Tal, das in einem Rechtsbogen in das **Kaltental** hinunterführt (2:30 Std.). Auf dem Talgrund talabwärts (rote Raute) und vorbei an den Kaltentalweihern. Ausgangs des Tals geradeaus zur Straße Bad Urach-Grabenstetten und zum Ausgangspunkt.

21 Zur Burg Teck

Burgruinen und Aussichtspunkte: Bissingen an der Teck – Breitenstein – Burgruine Rauber – Burg Teck – Bissingen

 mittel.

 13 km

 4 Std.

 ↑ 610 m ↓ 610 m

ab 10

Tourencharakter: Abwechslungsreiche Rundwanderung am Albtrauf mit einem steilen und einem mäßigen Anstieg; zwei Burgruinen und die bewirtschaftete Burg Teck; Aussichtsfelsen.
Beste Jahreszeit: April–Okt.
Ausgangspunkt: Bissingen an der Teck.
Endpunkt: Wie Ausgangspunkt.
Wanderkarte: LVA B-W-Freizeitkarte 524 (Bad Urach), 1 : 50 000.
Markierung: Blaues Dreieck, rotes Dreieck, rote Raute, rotes Dreieck, blaues Dreieck.
Verkehrsanbindung: PKW: A 8 Stuttgart–München, Ausfahrt

Kirchheim/Teck-Ost; B 465 in Richtung Ulm bis Dettingen/Teck, abbiegen nach Bissingen/Teck; geradeaus durch den Ort zum Parkplatz »Am See«. **Bus:** Kirchheim-Bissingen, Haltestelle Rathaus.
Einkehr: Gaststätten in Bissingen; Burggaststätte Teck (Tel. 07021/5 52 08).
Unterkunft: Albvereins-Wanderheim Burg Teck (Tel. 07021/5 52 08).
Tourist-Info: Verkehrsverein Teck-Neuffen, Max-Eyth-Str. 15, 73230 Kirchheim/Teck, Tel. 07021/30 27, Fax 48 05 38 Internet www. albtrauf.de

Burg Teck, eines der Wahrzeichen der Schwäbischen Alb

Auf der Nordspitze des Teckbergs, der durch einen Grat mit der Albhochfläche verbunden ist, sitzt die Burg Teck, ein Albvereins-Wanderheim mit Gaststätte und Aussichtsturm.

Der Wegverlauf

Vom Wanderparkplatz »Am See« in **Bissingen** folgen Sie talaufwärts einem ansteigenden Sträßchen (Markierung: blaues Dreieck, Breitenstein), biegen kurz nach dem Ortsrand links ab, steigen steil an und kreuzen die Straße Bissingen–Ochsenwang; kurz vor der Straße **Abstecher** nach links zur **Burgruine Hahnenkamm** (13. Jh.). In Kehren führt der Weg steil hoch zur Albhochfläche (1 Std.) und nach rechts (rotes Dreieck) auf den steil abfallenden **Breitenstein** (812 m), einen herrlichen Aussichtspunkt.
Entlang der Hangkante (rotes Dreieck) gelangen Sie bequem zu einem

weitläufigen Wander-
parkplatz, dessen Zufahrt
in die Straße Ochsen-
wang-Bissingen einmün-
det. Sie überqueren die
Straße und folgen einem
zunächst leicht anstei-
genden Sträßchen (rotes
Dreieck) zum **Hof Die-
poldsburg** (1:45 Std.), der
mittlerweile in ein Ta-
gungszentrum umgewan-
delt wurde. Während das
Sträßchen links abknickt,
gehen Sie geradeaus (ro-
tes Dreieck) zwischen
den Gebäuden hindurch

und gelangen am Hang eines schmalen, felsigen Bergrückens zur
Burgruine Rauber (auch: Untere Diepoldsburg; 2 Std.), die teilre-
stauriert wurde und ein beliebter Rastplatz ist.

Unmittelbar vor der Holzbrücke über den Burggraben steigen Sie
nach rechts (rotes Dreieck) ab, gehen am Fuß des Burgfelsens
entlang und erreichen nach einem recht steilen Abstieg den **Sattelbogen** (2:15 Std.).

Geradeaus steigen Sie am Hang des Teckbergs (rotes Dreieck)
wieder an und gelangen zum Aussichtspunkt **Gelber Fels** (711 m;
2:45 Std.). Entlang der Westkante des **Teckbergs** führt der Weg
zur geschotterten Burgzufahrt, die steil hochführt zur **Burg Teck**
(775 m; gut 3 Std.), erbaut im 12. Jh. vom hochadligen Geschlecht der Zähringer.

Abstecher: Vor dem Burgtor führt ein Pfad zur **Sibyllenhöhle** (hin
und zurück 5 Min.), in der in der Sage nach die weise Frau Sibylle
gelebt haben soll.

Der geschotterten Burgzufahrt folgen Sie bergab zum Waldrand –
linker Hand ein Spiel- und Grillplatz – und gehen geradeaus auf
das **Hörnle**, von dem nach rechts ein Pfad (blaues Dreieck) über
Heide, dann zwischen Kirschbäumen hinunterführt nach **Bissingen** (4 Std.). Auf der Ortsdurchfahrt nach rechts kehren Sie
zurück zum Ausgangspunkt.

22 Von Hepsisau zum Randecker Maar

Im Gebiet des Schwäbischen Vulkans: Hepsisau – Neidlingen – Burgruine Reußenstein – Randecker Maar – Hepsisau

 mittel

 15 km

 4 ¼ Std.

 ↑ 480 m ↓ 480 m

 ab 10

Tourencharakter: Landschaftlich reizvolle Rundwanderung am Fuß der Alb und auf der Albhochfläche; Anstieg zu Wasserfall und Burgruine.

Beste Jahreszeit: April–Okt.; besonders reizvoll zur Zeit der Kirschblüte und Ende Mai/Juni, wenn im Schopflocher Moor seltene Blumen blühen.

Ausgangspunkt: Hepsisau, Ortsteil von Weilheim/Teck.

Endpunkt: Wie Ausgangspunkt.

Wanderkarte: LVA B-W-Freizeitkarte 524 (Bad Urach), 1 : 50 000.

Markierung: Blaues Dreieck, rotes Dreieck, rote Raute, blaues Dreieck; ein kurzer Abschnitt ohne Markierung.

Verkehrsanbindung: PKW: A 8 Stuttgart–München, Ausfahrt Aichelberg; über Weilheim/Teck in Richtung Wie-

sensteig; 2 km hinter Weilheim rechts abbiegen nach Hepsisau; zwei kleine Parkplätze nahe der Kirche. **Bus:** Kirchheim–Neidlingen, in Hepsisau Haltestelle Rathaus.

Einkehr: Gaststätte Hirsch (Do/Fr ab 16 Uhr, Sa/So ab 9 Uhr geöffnet) und italienisches Restaurant in Hepsisau; Gaststätten in Neidlingen; Vesperwirtschaft Reußenstein (Abstecher, geöffnet sonn- und feiertags zwischen Ostern und Allerheiligen); Otto-Hoffmeister-Haus (Ruhetag Mo/Di).

Unterkunft: In Weilheim/Teck Gasthof Post (Tel. 07023/28 16).

Tourist-Info: Verkehrsverein Teck-Neuffen, Max-Eyth-Str. 15, 73230 Kirchheim/Teck, Tel. 07021/30 27, Fax 48 05 38, Internet www.albtrauf.de.

Randecker Maar und Schopflocher Moor sind Zeugnisse der Tätigkeit des »Schwäbischen Vulkans«, der vor 15 Mill. Jahren vor allem zwischen Kirchheim/Teck und Bad Urach aktiv war. In zahlreichen Vulkanschloten stieg glutflüssiges Magma hoch, erkaltete jedoch noch in den Schloten und wurde zu wasserundurchlässigem Basalttuff, auf dem sich Seen bildeten. Die Seen sind inzwischen ausgelaufen, wie im Falle des Randecker Maars, oder verlandet, so dass sich Torf bildete wie im Schopflocher Moor, auch »Torfgrube« genannt.

Tipp

Seelilien, Fischsaurier, Flugsaurier – insgesamt rund 500 außergewöhnliche Fossilien, die in den Schiefern von Holzmaden gefunden wurden, sind im **Urwelt-Museum Hauff** in Holzmaden (3 km von Weilheim/Teck entfernt) ausgestellt. Schaubilder, Modelle und ein Videofilm informieren über die Lebewesen im einstigen Jurameer (ganzjährig Di–So 9–17 Uhr; www.urweltmuseum.de).

Der Wegverlauf

Vom Parkplatz nahe der Kirche in **Hepsisau** folgen Sie der Dorfstraße leicht bergab, biegen rechts ab zum Friedhof (Markierung: blaues Dreieck, Neidlingen) und gelangen auf einem Fahrweg zwischen Streuobstwiesen bequem nach **Neidlingen** (30 Min.).

Am Ortsbeginn gehen Sie bei den Sportanlagen rechts durch die Widerholtstraße, folgen der Mühlstraße und überqueren die Lindach, erreichen in der Kelterstraße das Rathaus und folgen der Kirchstraße (blaues Dreieck) entlang der Lindach zum Ortsrand.

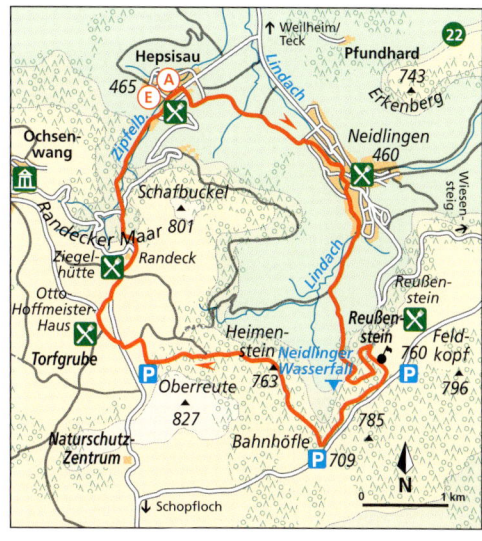

Ein asphaltierter Fahrweg steigt auf der Sohle des **Neidlinger Tals**, bekannt für seine Kirschblüte, stetig leicht an zu einer Gabelung. Nach links steiler hangaufwärts zu einer weiteren Gabelung – links am Weg eine Quelle –, und erneut nach links erreichen Sie am Waldrand eine dritte Gabelung. Sie halten sich rechts und gelangen zum **Neidlinger Wasserfall** (1:30 Std.). Zwar beträgt die freie Fallhöhe nur wenige Meter, aber anschließend fließt das Wasser über zahlreiche bemooste Kalksinterstufen steil ab.

Sie gehen 50 m zurück und steigen steiler an zu einem Forstweg, dem Sie 100 m weit nach rechts folgen. Scharf links zweigt ein Pfad ab, der unmittelbar unterhalb eines mächtigen Schwammstotzens zur Talkante und zur beeindruckenden **Burgruine Reußenstein** hochführt (760 m; 2 Std.). Der Ausblick umfasst das Neidlinger Tal mit den Felsen Heimenstein und Weiße Wand und die Limburg, einen Vulkankegel, auf dem im 11. Jh. das hochadlige Geschlecht der Zähringer seine erste bedeutende Burg erbaute.

Abstecher zur **Vesperwirtschaft Reußenstein** (hin und zurück knapp 30 Min.): Nach dem Anstieg an der Talkante nach links, in nordöstliche Richtung (rotes Dreieck, Wiesensteig), zum Hof Reußenstein.

Zwischen den Mauerresten der Vorburg des Reußensteins gelangen Sie nach ein paar Metern auf eine Felskanzel – von hier aus sind die Kletterer am Reußenstein-Fels gut zu beobachten – und folgen einem asphaltierten Fußweg (rotes Dreieck, Bahnhöfle),

22

der zur Straße Schopfloch-Wiesensteig führt. Nach 250 m aber biegen Sie rechts ab (rotes Dreieck) und erreichen entlang der Talkante, parallel zur Straße, bequem den **Park- und Rastplatz Bahnhöfle** (709 m; knapp 2:30 Std.). Der Begriff »Bahnhöfle« stammt aus dem 19. Jh. und bezeichnet eine Stelle, an der wichtige Wege zusammenlaufen.

Nach rechts (rotes Dreieck) gehen Sie über den Parkplatz, folgen einem leicht ansteigenden Forstweg entlang der Hangkante und nach wenigen Minuten einem rechts abzweigenden Weg (rotes Dreieck, Randecker Maar über Heimenstein), der zum **Heimen-**

stein (763 m) führt. Dieser Fels ist ein massiger, von einer Höhle durchzogener Schwammstotzen, auf dem eine Burg des Neidlinger Ortsadels saß.

Nach wenigen Minuten passieren Sie die Hindenburghütte, eine Forstarbeiter- und Rasthütte, und folgen kurz darauf wieder demjenigen Forstweg, den Sie zuvor für den Abstecher zum Heimenstein verlassen haben. An einer Weggabelung halten Sie sich links (rote Raute, Torfgrube), am Waldrand nach rechts auf einen asphaltierten Fahrweg (keine Markierung), von dem Sie nach 250 m wieder links abbiegen zur Straße Schopfloch-Ochsenwang. Entlang der Straße erreichen Sie wenig später das **Otto-Hoffmeister-Haus**, eine

Vom Heimenstein aus sind die Streuobstwiesen im Neidlinger Tal gut zu überblicken.

Gaststätte (mit Biergarten) am Rand des **Naturschutzgebiets Schopflocher Moor** (3:30 Std.).

Abstecher (hin und zurück 30 Min.): Ein Bohlensteg führt durch das einzige Hochmoor auf der Albhochfläche, entstanden in einem Maar. Die mehrere Meter starke Torfschicht wurde zwischen dem 17. und 20. Jh. abgebaut, weshalb das Moor auch »Torfgrube« genannt wurde. Um die letzten Reste des Moores zu retten, kaufte der Schwäbische Albverein das Gelände auf und sorgte dafür, dass es im Jahr 1942 unter Naturschutz gestellt wurde. Am interessantesten ist ein Besuch zwischen Mitte Mai und Mitte Juni, wenn Gelbe und Blaue Iris, Orchideen und Trollblumen blühen.

22

Tipp

Im **Naturschutzzentrum Schopflocher Alb** (1 km nördlich von Schopfloch an der Straße nach Ochsenwang) informiert eine Dauerausstellung über Landschaft und Lebensräume auf der Alb. Ganzjährig werden Exkursionen angeboten, u. a. durch das Schopflocher Moor (15. April–14. Okt. Di–Fr 14–17, So 11–17, ansonsten Di–Fr 14–17 u. 1. So d. Monats 11–17 Uhr www.naturschutzzentren-bw.de

Zurück an der Straße, halten Sie sich links in Richtung Ochsenwang – links neben der Straße zwei größere Dolinen –, überqueren nach 200 m die Straße (rote Raute) und steigen über einen Wanderparkplatz und auf der Straße Schopfloch-Hepsisau leicht an zum Rand des **Randecker Maars** (3:45 Std.). In der kraterartigen Vertiefung des Maars, wo der Kranz von herausgeschleuderten Gesteinsbrocken noch gut zu sehen ist, hatte sich ein See aufgestaut. Mit dem fortschreitenden Zurückweichen des Albrands durch Erosion wurde der Rand des Maars zerstört, der See lief aus. Noch heute entspringen im Maar zahlreiche Rinnsale, deren Wasser im Zipfelbach abfließt.

Ein **Abstecher** (hin und zurück 10 Min.) nach links über das Gehöft Ziegelhütte zum **Salzmannstein**, einem Gedenkstein, bietet den schönsten Blick auf das Maar; im Hintergrund sind die drei »Kaiserberge« Hohenstaufen, Hohenrechberg und Stuifen zu sehen.

Die Straße (blaues Dreieck, Zipfelbachtal) führt in das Randecker Maar hinein, vorbei am ehemaligen **Gehöft Randeck**. Eingangs einer Linkskurve der Straße halten Sie sich geradeaus und steigen steiler ab auf den Grund des Maars. Hier kreuzen Sie die Straße und folgen einem Pfad durch das enge und stellenweise felsige Tal des **Zipfelbachs**, der über zahllose Felsstufen und Felstrümmer abfließt. Wo der Wald endet, weitet sich das Tal, und zwischen Obstwiesen führt der Weg zu den ersten Häusern von **Hepsisau**. (4:15 Std.). Hier gehen Sie geradeaus weiter – nicht dem Fahrweg nach rechts zur Straße folgen! – und erreichen wenig später die Dorfstraße, auf der Sie an Ihren Ausgangspunkt zurückkehren.

Durch Erosion wurde der Rand des einst runden Randecker Maars abgetragen, so dass der See, der sich auf dem wasserundurchlässigen Gestein gebildet hat, auslief.

23 Zu den Gutenberger Höhlen

An- und Abstieg zwischen Felsen: Gutenberg – Gutenberger Höhlen – Torfgrube – Bahnhöfle – Harpprechthaus – Gutenberg

 mittel

 14,5 km

 4 Std.

↑ 370 m
↓ 370 m

ab 10

Tourencharakter: Aus dem Talschluss der Lauter auf die Albhochfläche; steiler An- und Abstieg; Höhlen und ein Hochmoor.
Beste Jahreszeit: April–Okt.
Ausgangspunkt: Gutenberg, Ortsteil von Lenningen.
Endpunkt: Gutenberg.
Wanderkarte: LVA B-W-Freizeitkarte 524 (Bad Urach), 1 : 50 000.
Markierung: Rote Raute, rotes Dreieck, rote Raute, rote Gabel; zwei kurze Abschnitte ohne Markierung.
Verkehrsanbindung: PKW: A 8 Stuttgart–München, Ausfahrt

Kirchheim/Teck-Ost; B 465 in Richtung Blaubeuren bis Gutenberg; Parkplatz am Ortsbeginn. **Bus:** Kirchheim–Schopfloch; in Gutenberg Haltestelle Post.
Einkehr: Gaststätten in Gutenberg; Otto-Hoffmeister-Haus (Abstecher; Ruhetag Mo/Di); Harpprechthaus (Ruhetag Mo).
Unterkunft: Alpenvereinshaus Harpprechthaus (Tel. 07026/21 11).
Tourist-Info: Verkehrsverein Teck-Neuffen, Max-Eyth-Str. 15, 73230 Kirchheim/Teck, Tel. 07021/30 27, Fax 48 05 38, www.albtrauf.de.

Im felsigen Talschluss, der so genannten Pfulb, steigt man nach Gutenberg ab.

Aus dem Lenninger Tal geht es, vorbei an den Gutenberger Höhlen, steil hinauf zur Albhochfläche, am Ende der Wanderung zwischen Felsen wieder steil hinunter ins Tal. Bequem hingegen ist die große Runde auf der leicht hügeligen Albhochfläche.

Der Wegverlauf

Vom Parkplatz am Ortsrand **Gutenberg** führt ein Sträßchen in den Ort. Sie kreuzen die Ortsdurchfahrt (Wegweiser: Gutenberger Höhlen) und steigen am Ortsrand nach links am bewaldeten Hang recht steil an (Markierung: rote Raute). Der Pfad führt an der **Gußmannshöhle** vorbei, dann an der **Gutenberger Höhle** (→ **Tipp**) und vollends hoch zur Talkante (45 Min.). Wenig später überqueren Sie die Straße Schopfloch-Krebsstein, passieren einen Parkplatz und gelangen auf der offenen Albhochfläche zur **Wegkreuzung** »**Kreuzstein**« (754 m; 1:15 Std.).

Tipp

Oberhalb von Gutenberg befinden sich die **Wolf-schluchthöhle**, die **Guß-mannshöhle**, eine ca. 55 m lange Höhle mit gut erhaltenen Tropfsteinen, und die ca. 180 m weit begehbare **Gutenberger Höhle** mit sechs Hallen (Höhlenführungen Anfang Mai–Mitte Okt. Sa 13–17 Uhr, So und Feiertage 10–17 Uhr, außer bei durchgehend schlechtem Wetter).

23

Abstecher: Geradeaus zum Otto-Hoff-meister-Haus (hin und zurück 20 Min.); kurz vor dem Otto-Hoffmeister-Haus nach links ins Schopflocher Moor (→ **Tour 22**).

Am Kreuzstein wenden Sie sich nach rechts (rote Raute, Reußenstein), entlang der Straße Schopfloch-Ochsenwang nach links 250 m weit und über die Straße zu einem Wanderparkplatz. Ein leicht fallender Forstweg führt an den Albtrauf und zum **Park- und Rastplatz »Bahnhöfle«** (709 m, gut 2 Std.); Blick auf die Burgruine Reußenstein.

Nach rechts folgen Sie der Straße Wiesensteig-Schopfloch 200 m weit, biegen links ab auf einen asphaltierten Weg und halten sich nach 500 m an einer Weggabelung rechts. Bequem gelangen Sie an eine Wegkreuzung und steigen nach rechts an (rote Raute, Schopfloch) zum **Harpprechthaus** (3 Std.).

Auf dem Zufahrtssträßchen des Harpprechthauses gehen Sie weiter auf Schopfloch zu, wenden sich nach 200 m scharf nach links auf einen asphaltierten Weg (keine Markierung) und folgen im Wald nach 100 m einem rechts abzweigenden Waldweg (keine Markierung). Am Waldrand steigen Sie über die Straßenböschung ab, kreuzen die Straße und erreichen die bewaldete Talkante (knapp 3:30 Std.).

Ein teilweise mit Geländern gesicherter Pfad (rote Gabel) führt durch die felsige **Pfulb** steil bergab, kreuzt die Gutenberger Steige und führt auf den Talgrund hinunter. Über das Gelände eines Sägewerks und durch **Gutenberg** kehren Sie an Ihren Ausgangspunkt zurück.

24 Von Wiesensteig zum Reußenstein

Tropfsteinhöhle und Karstquelle: Wiesensteig – Burgruine Reußenstein – Schertelshöhle – Filsursprung – Wiesensteig

mittel

16 km

4 ½ Std.

↑ 300 m ↓ 300 m

ab 10

Tourencharakter: Rundwanderung mit steilem Anstieg zu Beginn, anschließend recht bequem.
Beste Jahreszeit: April–Okt.
Ausgangspunkt: Wiesensteig im oberen Filstal.
Endpunkt: Wiesensteig.
Wanderkarte: LVA B-W-Freizeitkarte 524 (Bad Urach), 1 : 50 000.
Markierung: Roter Balken, rotes Dreieck, rote Raute, rote Gabel, roter Balken.
Verkehrsanbindung: PKW: A 8 Stuttgart–München, Ausfahrt Mühlhausen; 4 km bis Wiesensteig; kleiner Parkplatz

an der Kirche. **Bus:** Verbindungen von Geislingen und von Göppingen, Haltestelle Rathaus.
Einkehr: Gaststätten in Wiesensteig; Gasthof Bläsiberg; Vesperwirtschaft im Hof Reußenstein (nur So und Feiertage zwischen Ostern und Okt.); Rasthaus Schertelshöhle (ganzjährig am So, 15. Mai – 1. Okt. täglich geöffnet).
Unterkunft: In Wiesensteig u. a. Hotel Am Selteltor (Tel. 07335/1 83-0).
Tourist-Info: Stadtverwaltung, 73349 Wiesensteig, Tel. 07335/96 20-0, Fax 96 20-24 Internet www.wiesensteig.de.

Eine Burgruine am Albtrauf, eine Tropfsteinhöhle, eine Karstquelle – die Tour bietet einige der für die Schwäbische Alb ganz typischen Erscheinungen.

Der Wegverlauf

Von der Kirche in **Wiesensteig** steigen Sie hinunter zum Marktplatz (»Elefantenbrunnen«), folgen nach links der Kirchheimer Straße und halten sich am Ortsrand in einer Linkskurve

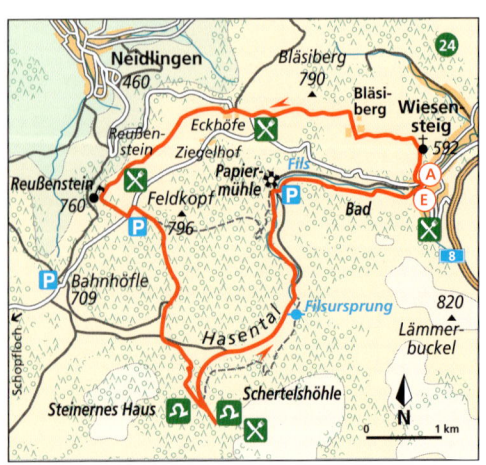

geradeaus (Markierung: Roter Balken, Kreuzkapelle; HW 7). Auf einem Kreuzweg am bewaldeten Hang steil hoch zur **Kreuzkapelle** an der Talkante (30 Min.).

Bequem erreichen Sie die Gehöfte von **Bläsiberg**, wo Sie sich rechts halten (roter Balken) und ein Jugenddorf sowie den Gasthof Bläsiberg passieren. Der Straße Wiesensteig-Neidlingen folgen

24

Sie 200 m nach rechts und einem links abzweigenden Asphalt-weg (rotes Dreieck) zum **Hof Reußenstein** (Vesperwirtschaft; 1:30 Std.).

Special

Rund 200 m weit ist die **Schertels-höhle** begehbar, eine Tropfstein-höhle mit vielen Klüften sowie domartiger Halle. Ihren Namen verdankt sie ihrem Entdecker, dem Freiherrn von Schertel (Palmsonn-tag–15. Nov. nur So; 15. Mai–1. Okt. täglich).

Rechts um das Gehöft herum und entlang des Albtraufs errei-chen Sie die über dem Neidlin-ger Tal sitzende **Burgruine Reußenstein** (knapp 1:45 Std.). Sie folgen einem asphaltierten Fußweg, überqueren die Straße

Von der in ex-ponierter Lage im 13. Jahrhun-dert erbauten Burg Reußen-stein sind be-eindruckende Mauerreste erhalten.

Wiesensteig-Schopfloch und nach links einen Wanderparkplatz. Ein Forstweg (rote Raute, Schertelshöhle) führt in einem weiten Rechtsbogen zu einer Wegkreuzung im **Hasental** (2:15 Std.).

Halb links (rote Raute, Schertels-höhle) steigen Sie leicht an, wenden sich an einer Weggabelung nach links (rote Gabel) und gelangen in ein en-ges Trockental. Talaufwärts (rote Ga-bel) erreichen Sie wenig später, vor-bei an der Felsgrotte Steinernes Haus, die **Schertelshöhle** (→ **Special**), eine Tropfsteinhöhle mit Rasthaus und Rastplatz (knapp 3 Std.).

Im Trockental gehen Sie zurück und talabwärts (roter Balken, Wiesensteig) zum breiteren Hasental, in dem ein Wirtschaftsweg bequem zum **Filsur-sprung** führt (3:30 Std.), einem stark schüttenden Quelltopf; Rasthütte und Grillstellen.

Nun verlassen Sie den markierten Weg: Unmittelbar vor der Fils-Brücke

links (keine Markierung) zum Talhang, wo ein ausgetretener Pfad an der Fils verläuft und bei einer ehemaligen Papiermühle in ein Sträßchen einmündet (4 Std.).

Nach rechts sowohl über die Fils als auch über einen Parkplatz und auf einem Wirtschaftsweg (roter Balken) talabwärts nach **Wiesensteig** (4:15 Std.) – am Ortsrand ein Freibad – und zurück zur Kirche.

25 Im Blaubeurener Tal

Die Höhlen der Eiszeitjäger: Blaubeuren – Burgruine Rusenschloss –
Geißenklösterle – Brillenhöhle – Blaubeuren

 mittel

 13 km

4 Std.

↑ 480 m
↓ 480 m

 ab 10

Tourencharakter: Abwechslungsreiche Rundwanderung mit zwei steilen Anstiegen; Blaubeuren mit Kloster, Urgeschichtlichem Museum und Karst-Quelltopf; prähistorische Wohnhöhlen, zwei Burgruinen.
Beste Jahreszeit: April–Okt.
Ausgangspunkt: Blaubeuren.
Endpunkt: Blaubeuren.
Wanderkarte: LVA B-W-Freizeitkarte 525 (Ulm), 1 : 50 000.
Markierung: Rote Gabel, Täfelchen (eines »Urgeschichtlichen Pfads«) mit Mammut, rotes Dreieck, gelbe Gabel; zwei Abschnitte ohne Markierung.
Verkehrsanbindung: PKW: A 8 Stuttgart–München, Ausfahrt Ulm-West; B 10 nach Ulm, B 28 nach Blaubeuren; Parkplätze nahe am Kloster.
Bahn: Linie Ulm-Tuttlingen, Haltestelle Blau-beuren.
Einkehr: In Blaubeuren mehrere Gaststätten; in Weiler der Gasthof Forellenfischer und eine Pizzeria.
Unterkunft: In Blaubeuren mehrere Gasthöfe; Jugendherberge (Tel. 07344/64 44).
Tourist-Info: Aachgasse 7, 89143 Blaubeuren, Tel. 07344/92 10 25, Fax 92 24 34, Internet www.blaubeuren.de

Durch ein weitverzweigtes Höhlensystem fließt das Wasser, ehe es im Blautopf nach oben drängt; nach Regenfällen mehr als 20 000 Liter pro Sekunde.

Das Städtchen Blaubeuren – bekannt vor allem durch den Blautopf – liegt in einer Talschlinge der Ur-Donau. Die Wanderung führt zu Aussichtsfelsen, Burgruinen und Grotten, in denen sich einst, wie Ausgrabungen zeigten, Eiszeitjäger aufhielten.

Der Wegverlauf

Vom Parkplatz am Rand der Altstadt von **Blaubeuren** gehen Sie durch eine **Klosteranlage** – in der spätgotischen Kirche ein sehenswerter Hochaltar – zum **Blautopf**, mit 21 m Tiefe die zweitgrößte Karstquelle Deutschlands. Hat es längere Zeit nicht geregnet, ist das Wasser blau, nach Regenfällen und zur Zeit der Schneeschmelze hellblau bis grün aufgrund von Schmutzteilchen. Über die Tauchgänge von Jochen Hasenmayer, der den Blautopf erforschte und ein ganzes Höhlensystem entdeckte, informiert ein Film in der **Historischen Hammerschmiede**.

Hinter dem Blautopf (Markierung: rote Gabel, Weidacher Hütte) steigen Sie steil an und

25

kreuzen die Straße Blaubeuren–Sonderbuch. An der **Hangkante** (45 Min.) führt nach rechts ein Wirtschaftsweg (rote Gabel), vorbei an einem Segelfluggelände, zum Ortsrand von **Sonderbuch**. Hier kreuzen Sie erneut die von Blaubeuren heraufführende Straße und erreichen ein Gefallenen-Ehrenmal an einem Aussichtsfelsen, von dem aus zu erkennen ist, dass Blaubeuren am Fuß eines Umlaufbergs in einer Talschlinge der Ur-Donau liegt.

Nach 25 m halten Sie sich an einer Weggabelung rechts (Wegweiser: Rusenschloss) – nicht geradeaus der Markierung folgen! Leicht abwärts führt der Waldweg entlang der Hangkante zum **Knoblauchfels** – Betretungsverbot aus Gründen des Naturschutzes – und zur beeindruckenden **Burgruine Rusenschloss** (1:15 Std.), die auf einem zerklüfteten Felsen sitzt. Der Dojon, ein Wohnturm, ist ein hervorragender Aussichtspunkt.

Abstecher für prähistorisch Interessierte: Unterhalb der Burgruine befindet sich am Fuß des Felsens die **Große Grotte**, eine wichtige archäologische Fundstätte (hin und zurück 20 Min.; Achtung: Betretungsverbot 1. Feb.–15. Juli). In dieser Grotte hielten sich immer wieder Jäger der Eiszeit auf. Zugang: Aus dem Burghof rechts bergab (Waldlehrpfad), auf quer laufendem Waldweg links und steil ansteigen zur (ausgeschilderten) Grotte.

25

Sie verlassen die Burganlage (rote Gabel) und steigen auf der felsigen Scheitelhöhe des schmalen Bergrückens zunächst leicht, dann in Kehren steil hinunter auf die Talsohle. Geradeaus gehen Sie entlang eines Bahndamms (rote Gabel), überqueren die **Blau** und steigen zur B 28, Blaubeuren–Ulm, hoch (1:45 Std.).

Nach Überqueren der Brücke über die Bahngleise wenden Sie sich nach rechts in die Straße Unter dem Kühnenbuch. Nach nur 10 m folgen Sie einem links abzweigenden Forstweg (Ausschilderung: Waldgaststätte zum Schillerstein), steigen 300 m weit an und halten sich an einer Weggabelung rechts (keine Markierung). Der Wirtschaftsweg verläuft entlang des Waldrands, nur wenige Meter oberhalb des Talgrunds (gelegentliches »Mammut«-Täfelchen).

An einer Weggabelung halten Sie sich links (»Mammut«-Täfelchen) auf einen ansteigenden Forstweg, an einer zweiten Gabelung rechts, an einer dritten Gabelung geradeaus (»Mammut«-Täfelchen) auf einen Waldweg. Der Weg verengt sich zu einem Pfad, und nach 250 m, kurz nach dem aus dem Talhang vorragenden Bruckfels, steigen Sie steil an und gelangen durch ein Felsentor zur Höhle **Geißenklösterle** (2:15 Std.).

Auf einem Felsen an der Kante des Blautals steht die Burgruine Rusenschloss.

Die in einem felsigen Halbrund gelegene Höhle ist durch Metallgitter abgesperrt, da die Grabungen andauern. Gefunden wurden u. a. Schmuckgegenstände: aus Mammut-Elfenbein geschnitzte Tierfigürchen – Bison, Bär und Mammut –, die wohl als Anhänger verwendet wurden. Eine andere Schnitzerei, deren Alter auf 32 000 Jahre geschätzt wird, zeigt einen Menschen und gilt als eine der frühesten Menschendarstellungen weltweit.

Zurück am Bruckfels, steigen Sie auf einem Pfad (keine Markierung) zur Talsohle hinunter und folgen geradeaus einem Sträßchen über die Ach und die Bahngleise. Sie überqueren die B 492, Blaubeuren-Ehingen, und gehen nun geradeaus durch das Dörfchen

Weiler – nicht dem markierten Fuß- und Radweg entlang der verkehrsreichen Durchgangsstraße folgen! Diese »Dorf«-Strecke ist einige hundert Meter länger, aber erheblich ruhiger.

Durch die Achtalstraße, anschließend durch die Straße Weiler-
halde gelangen Sie zum Ortsende und folgen nun der Durchgangsstraße (rote Gabel) noch 250 m weit. Scharf nach links steigt
ein Pfad (rotes Dreieck, Günzelburg) am Talhang an zu einem **Felsenmeer**, einer Anzahl unterschiedlich großer Schwammstotzen;
ein abzweigender Pfad führt steil hinauf zur **Brillenhöhle** (knapp
3 Std.). In der Höhle, die ihren Namen aufgrund zweier runder
Öffnungen im Höhlendach erhielt, wurden
vor allem Werkzeuge aus verschiedenen Ge-
steinsarten gefunden.

> **Tipp**
>
> Das **Urgeschichtliche Museum**
> in Blaubeuren informiert an-
> schaulich über die Altsteinzeit,
> als in den Höhlen der Umge-
> bung Eiszeitjäger Werkzeuge
> herstellten und auch Tierfigu-
> ren, von denen Replikate aus-
> gestellt sind (1. April–1. Nov.
> Di–So und feiertags 10–17 Uhr,
> sonst Di und Sa 14–17 Uhr).

Kurz darauf passieren Sie ein Felsentor, das
seiner Form wegen treffend als »Küssende
Sau« bezeichnet wird. An der nächsten Weggabelung folgen Sie dem hangaufwärts führenden Weg auf die Albhochfläche (3:30 Std.).
Absteher nach links zur **Burgruine Günzel-
burg** (hin und zurück: 5 Min.), von der nur noch der Burggraben
und spärliche Mauerreste erhalten sind.

Entlang der Hangkante gehen Sie nach rechts (gelbe Gabel, Seli-
gengrund), biegen im Wald links ab und stoßen auf einen Schotterweg, dem Sie in einer Waldschneise nach rechts folgen. Am
Ende der Schneise biegen Sie links ab, verlassen diesen Weg
nach wenigen Minuten wieder und steigen auf einem Pfad (Ausschilderung: Blaubeuren) zwischen einigen Felsen ab zu einem
Aussichtspunkt, von dem Sie auf Blaubeuren hinunterblicken.
Der Pfad geht in einen breiten Waldweg über, von dem Sie nach
30 m scharf links abbiegen und über Stufen zu einer Straßenun-
terführung am Ortsrand von **Blaubeuren** gelangen (knapp 4 Std.).
Weitere Treppenstufen zwischen den Häusern führen vollends
zum alten Stadtkern.

Wenn Sie eine kurze **Besichtigung der Altstadt** anschließen
möchten: In der Bergstraße nach links, in der quer laufenden
Marktstraße rechts zum kleinen Marktplatz. Von hier entweder
rechts in die Webergasse mit einigen stattlichen Fachwerkhäusern und in der Weilerstraße nach links zum Urgeschichtlichen
Museum in der Karlstraße (Fußgängerzone); oder vom Marktplatz nach rechts durch die Karlstraße (Fußgängerzone), vorbei
an Stadtkirche (14./15. Jh.), Spital und Urgeschichtlichem Museum; hier nach links zurück zum Ausgangspunkt.

26 Durch das Tal der Kleinen Lauter

Karstquelle in idyllischem Tal: Herrlingen – Weidach – Weidacher Hütte – Lautern – Herrlingen

 leicht

 14 km

 4 ¼ Std.

 ↑ 160 m ↓ 160 m

 ja

Tourencharakter: Beschauliche Rundwanderung; mäßig steiler Anstieg zu Beginn, zweite Streckenhälfte bequem abwärts in idyllischem Tal.
Beste Jahreszeit: April–Okt.
Ausgangspunkt: Herrlingen, Ortsteil der Gemeinde Blaustein.
Endpunkt: Herrlingen.
Wanderkarte: LVA B-W-Freizeitkarte 525 (Ulm), 1 : 50 000.
Markierung: Rote Raute, rote Gabel; zwei Abschnitte ohne Markierung.
Verkehrsanbindung: PKW: A 8 Stuttgart–München, Ausfahrt Ulm-West; B 10 nach Ulm, B 28 in Richtung Blau-beuren nach Herrlingen; Parkplatz an der Kirche. **Bahn:** Linie Ulm–Tuttlingen, Haltestelle Herrlingen.
Einkehr: In Herrlingen mehrere Gaststätten; in Weidach Gaststätte Post; Albvereins-Wanderheim Weidacher Hütte (1. April–31. Okt. Sa nachmittag, So und feiertags); in Lautern Gasthaus Lamm (Fr, Sa, So ab 11 Uhr) und Landgasthof Krone (Ruhetag Mo).
Unterkunft: In Herrlingen Gasthof Lindenmeir (Tel. 07304/92 13 28).
Tourist-Info: Rathaus, 89134 Blaustein, Tel. 07304/80 20, Fax 8 02 55, Internet www.blaustein.de

Am Fuß eines Felsens quillt die Kleine Lauter heraus, und nahebei wurde im 12. Jh. ein Kirchlein erbaut. Heute ist der winzige Ort Lautern ein beliebtes Ausflugsziel.

Der Wegverlauf

Von der Kirche in **Herrlingen** folgen Sie der Bergstraße talaufwärts, biegen nach 100 m rechts ab (Markierung: rote Raute, Weidacher Hütte) und steigen am Talhang der Kleinen Lauter an. Auf der Höhe führt ein Forstweg (rote Raute), vorbei an einem Sportgelände, nach **Weidach** (1:15 Std.).

Beliebtes Ausflugsziel für Wanderer und Radfahrer ist das Tal der Kleinen Lauter.

Nach links folgen Sie der Kapellenstraße, überqueren die Straße Herrlingen-Bermaringen und folgen der Lautertalsteige. Am Ortsende zweigt rechts ein Waldweg ab (rote Raute), der am Talhang ansteigt. Wo dieser Waldweg links abschwenkt und zu fallen beginnt, geradeaus auf einem Pfad am Waldrand nach rechts zur Straße Weidach-Bermaringen. Sie folgen ihr nach

Special

Im 15. Jh. war die **Kirche »Unserer Lieben Frau zu Lautern«**, deren älteste Teile aus dem 12. Jh. stammen, Ziel einer Marienwallfahrt. Sehenswert sind der spätgotische Flügelaltar (1509), der Maria mit vier weiblichen Heiligen zeigt, und die bemalte Empore (1728) (1. April–30. Sept. tägl. 10–18 Uhr, 1. Okt.–31. März Mo–Fr 12–16, Sa/So 11-17 Uhr).

rechts 150 m weit und erreichen auf einem links abzweigenden Sträßchen das **Albvereinshaus Weidacher Hütte** (2 Std.).

Hier wenden Sie sich am Waldrand nach links (keine Markierung) und folgen einem Wiesenweg entlang des Waldrands. Wo der Wald endet, geradeaus (keine Markierung) auf breitem Wiesenweg und nach 150 m an einer Feldweg-Kreuzung nach links. Die Straße Weidach-Bermaringen überqueren und auf einem Sträßchen (rote Gabel) zum Weiler **Hohenstein** (2:30 Std.). Hier biegen sie rechts ab (rote Gabel) und steigen auf der Sohle eines Lauter-Seitentals hinunter zur kleinen Ortschaft **Lautern** (knapp 3 Std.) mit der Quelle der **Kleinen Lauter**.

Auf der Straße gehen Sie talabwärts zum Kirchlein »Unserer Lieben Frau zu Lautern«, wenden sich kurz darauf nach rechts und überqueren beim Gasthof Krone die Kleine Lauter (keine Markierung).

Ein Schotterweg führt entlang des naturbelassenen Flüsschens talabwärts, kreuzt eine nach Wippingen führende Landstraße – in Laufrichtung ist an der Talkante Schloss Oberherrlingen zu sehen – und führt nach **Herrlingen** (4 Std.). Im Ort kehren Sie, stets geradeaus, zur Kirche zurück.

92

27 Auf den Höhen um Geislingen

Aussichtsfelsen und Felsental: Geislingen an der Steige – Himmelfels – Eybach – Felsental – Burgruine Helfenstein – Geislingen

| mittel |
| 11 km |
| 3 ½ Std. |
| ↑ 380 m ↓ 380 m |
| ab 10 |

Tourencharakter: Markierte Rundwanderung; kurzer, steiler Anstieg zu Beginn, mäßig steiler Anstieg in einem felsigen Trockental; Burgruine.
Beste Jahreszeit: April–Okt.
Ausgangspunkt: Geislingen a. d. Steige im Filstal.
Endpunkt: Wie Ausgangspunkt.
Wanderkarte: LVA B-W-Freizeitkarte 525 (Ulm), 1 : 50 000 o. 521 (Göpp.).
Markierung: Rote Raute und rote Gabel.
Verkehrsanbindung: PKW: A 8 Stuttgart–München, Ausfahrt Mühlhausen; B 466 nach Geislingen; in Richtung

Heidenheim und am Stadtrand kurz nach Bahnbrücke links zu großem Parkplatz. **Bahn:** Linie Stuttgart–München, Bhf. Geislingen.
Einkehr: In Geislingen zahlreiche Gastronomiebetriebe; in Eybach Landgasthof Ochsen (Ruhetag Fr); in Weiler u. a. Gasthaus Burgstüble (Ruhetag So); Helfenstein-Burgschänke (nur Sa, So, feiertags).
Unterkunft: In Geislingen u. a. Hotel Krone (Tel. 07331/6 10 71-74).
Tourist-Info: Schillerstr. 2, 73312 Geislingen/Steige, Tel. 07331/24-2 66, Fax 24-2 76, www. geislingen.de.

Geislingen an der Steige liegt in einem Talkessel, in dem fünf Täler zusammenlaufen. Bekannt wurde die Stadt aufgrund der steilen Bahntrasse; mindestens zwei Dampflokomotiven waren früher nötig, um einen Zug mit mehreren Waggons auf die Albhochfläche zu ziehen.

Der Wegverlauf

Vom Parkplatz am Stadtrand **Geislingen** gehen Sie zurück zur Straße in Richtung Schnittlingen und folgen ihr nach rechts bergauf. Nach 50 m zweigt ein Pfad ab (rote Raute), der steil ansteigt zum Aussichtspunkt **Anwandfels** (647 m; 45 Min.). An der Talkante nach rechts, vorbei am Drehfels und an einem vorgeschichtlichen Wall- und Grabensystem, erreichen Sie den **Himmelfels** (609 m; 1:15 Std.).

27

Nach dem Abstieg (rote Raute) in das Tal der Eyb wenden Sie sich nach rechts, vorbei am Schloss der Grafen von Degenfeld, in die Ortsmitte von **Eybach** (1:30 Std.). Hier lohnt ein Besuch der spätgotischen Kirche Mariae Himmelfahrt, u. a. wegen eines von HAP Grieshaber gefertigten Kreuzwegs.

Sie gehen in Richtung Friedhof, überqueren einen Kanal und folgen der Mühlbachstraße nach rechts (rote Gabel, Felsental). Auf einem Steg über die Eyb gelangen Sie in die Felsentalstraße, die

zum Ausgang des **Felsentals** führt (knapp 2 Std.). Der Weg steigt im tief eingeschnittenen, felsigen und zunehmend engeren Tal stetig an, und über eine Metalltreppe überwinden Sie eine Felsstufe. Wenig später halten Sie sich an einer Weggabelung rechts (rote Gabel) und gelangen auf die Albhochfläche (2:30 Std.).

Einem quer laufenden Weg folgen Sie nach rechts zur Straße Geislingen-Gerstetten und erreichen **Weiler ob Helfenstein** (2:45 Std.). In der ersten links abzweigenden Straße und nach rechts in der Dorfstraße gelangen Sie in die Ortsmitte. An der Hauptkreuzung wenige Meter nach links, rechts abbiegen in die Straße Ödenturmweg und auf einem Pfad (rote Gabel) zur **Burgruine Helfenstein** (3 Std.).

Aus der Burg (rote Gabel) steigen Sie in Kehren ab nach **Geislingen** (3:15 Std.), wenden sich in der Straße Schlosshalde nach rechts und überqueren auf einem Fußgängersteg die Gleise. In der Bahnhofstraße nach rechts passieren Sie den Bahnhof und folgen der Heidenheimer Straße, parallel zur Bahnlinie. Etwa 50 m vor einer Brücke über das Flüsschen Eyb biegen Sie rechts ab. Ein Fußweg (rote Raute) führt an einer Bahn-Nebenlinie entlang, über das Flüsschen sowie die Gleise und mündet in die Straße Geislingen–Eybach ein. Nach rechts, unter der Haupt-Bahnlinie hindurch, kehren Sie zu Ihrem Ausgangspunkt zurück.

Auf einer Metalltreppe steigt man über eine Felsstufe im tief eingeschnittenen Felsental.

28 Hohenstaufen und Hohenrechberg

Burgen und Landschaftsidylle: Ottenbach – Burgruine Hohenstaufen –
Burgruine Hohenrechberg – Rechberg – Ottenbach

 mittel

 16 km

 4 ½ Std.

 ↑ 460 m ↓ 460 m

 ab 10

Tourencharakter: Landschaftlich reiz-volle Rundwanderung; ein langer, stei-ler Anstieg, ein mäßiger und ein kurzer, steiler Anstieg; Burgruinen.
Beste Jahreszeit: April–Okt.
Ausgangspunkt: Ottenbach (Krs. Göp-pingen).
Endpunkt: Wie Ausgangspunkt.
Wanderkarte: LVA B-W-Freizeitkarte 521 (Göppingen), 1 : 50 000.
Markierung: Blauer Punkt, roter Bal-ken, rotes Kreuz, blauer Balken.
Verkehrsanbindung: PKW: B 10, Göp-pingen–Ulm, bis Salach und abbiegen nach Ottenbach; im Ort nach rechts

zun Parkplatz am Sportgelände. **Bus:** Linie Göppingen–Ottenbach, Halte-stelle Hauptstraße-Krone.
Einkehr: Gaststätten in Ottenbach, Hohenstaufen und Rechberg; Kiosk in Burgruine Hohenstaufen; Burgschänke Hohenrechberg (Ruhetag Mo); Gasthof bei der Wallfahrtskirche.
Unterkunft: In Hohenstaufen u. a. Panorama-Hotel Honey-Do (Tel. 07165/91 09 10) und Jugendherberge (Tel. 07165/4 38).
Tourist-Info: Hauptstr. 1, 73033 Göp-pingen, Tel. 07161/6 50-2 92, Fax 6 50-2 99, www.goeppingen.de.

Die drei Zeugenberge vor dem nördlichen Albrand – Staufen, Rechberg und Stuifen – werden »Kaiserberge« genannt, da der Hohenstaufen Stammsitz der Staufer war, die im Hochmittelalter als deutsche Könige und Kaiser die europäische Geschichte maß-geblich beeinflussten. Von der Burg Hohenstaufen sind nur we-nige Reste vorhanden, doch die Burg Hohenrechberg ist großteils erhalten.

Vor dem Alb-trauf erhebt sich der Rechberg, ein Zeugenberg, auf dem die eindrucks-volle Burg-ruine Hohen-rechberg steht.

Der Wegverlauf

Vom Parkplatz an den Sportanlagen führt links um den Sport-platz herum ein Fußweg nach **Ottenbach**, wo Sie auf dem Erlenweg nach rechts die Krumm überqueren, kurz darauf die Ortsdurchfahrt. In der Schulstraße und in der Eichholzstraße

zum Waldrand und nach links (Markierung: blauer Punkt, Hohenstaufen) steil ansteigen in das Dorf **Hohenstaufen** (45 Min.) mit der Barbarossakirche (Staufer-Dokumentationsraum) und vollends hoch zu den Mauerresten der im 11. Jh. erbauten **Burg Hohenstaufen** (684 m; 1 Std.).
Sie steigen ab (roter Balken, Asrücken) nach **Ziegelhütte**, überqueren die Straße Hohenstau-fen–Lenglingen und gehen auf der parallel verlau-

fenden alten Straße auf dem schmalen Asrücken auf die Burgruine Hohenrechberg zu. An einer Straßengabelung geradeaus
(roter Balken, rotes Kreuz), wenig später in einer Linkskurve der
Straße erneut geradeaus und in leichtem Anstieg nach **Rechberg**
(2:30 Std.).

In den Sträßchen Schlossbühl- und Gießbachweg sowie auf einem Fußweg steigen Sie zur **Burgruine Hohenrechberg** (644 m;
2:45 Std.) hinauf, einer beeindruckenden Anlage mit einem Staufer-Dokumentationsraum.

Kurz nach Verlassen der Burg führt eine Straße (rotes Kreuz) mit
Kreuzwegstationen steil hoch zur **Wallfahrtskirche »Zur schönen
Maria von Rechberg«** auf dem Hohenrechberg (707 m; 3 Std.).
Auf einem Fußweg (roter Balken, rotes Kreuz) steigen Sie hinunter nach Rechberg, halten sich geradeaus in der Kaiserstraße und
steigen nach rechts in der Staufeneckstraße (blauer Balken, Staufeneck) an zum Ortsrand.

Entlang eines Landsträßchens 500 m weit und nach rechts, vorbei
an einem Märchenpark, zum **Saurenhof** (gut 3:30 Std.). Rechts
um das Gehöft herum (blauer Balken) und an der nächsten Weggabelung links, über einen Bach und nach rechts bergab zu den
Lindenhöfen. Auf einem Sträßchen zum **Herbenhof**, wo Sie links
abbiegen auf einen Feldweg. Zunächst führt der Weg nach links
in Richtung Untermühleisenhöfe, dann nach rechts, und auf einem quer laufenden Fahrweg nach rechts zurück zum Sportplatz
von **Ottenbach**.

29 Über das Kalte Feld

Bergplateau mit Wacholderheide: Lauterstein-Nenningen – Kaltes Feld – Reiterles Kapelle – Christental – Nenningen

mittel

11 km

3 Std.

↑ 410 m
↓ 410 m

ab 10

Tourencharakter: Rundwanderung mit zwei kurzen, steilen Anstiegen zu Beginn, anschließend bequem; Albvereinshaus auf Wacholderheide.
Beste Jahreszeit: April–Okt.
Ausgangspunkt: Nenningen, Ortsteil von Lauterstein.
Endpunkt: Wie Ausgangspunkt.
Wanderkarte: LVA B-W-Freizeitkarte 521 (Göppingen), 1 : 50 000.
Markierung: Blauer Balken, rotes Kreuz, blauer Punkt; letzter Abschnitt ohne Markierung.
Verkehrsanbindung: B 10, Göppingen–Ulm, nach Süßen und B 466 über

Donzdorf nach Lauterstein-Nenningen; Parkplatz am Ortsbeginn bei der Friedhofskapelle.
Einkehr: Gaststätte in Nenningen; Albvereins-Wanderheim Franz-Keller-Haus (Sa/So und feiertags); Landgasthof Heldenberg (Ruhetag Di).
Unterkunft: Bei Nenningen Landgasthof Heldenberg (Tel. 07332/66 61); AV-Wanderheim Franz-Keller-Haus (nur nach Voranmeldung, Tel. 07171/8 20 13).
Tourist-Info: Stadtverwaltung, 73111 Lauterstein, Tel. 0 73 32/96 69-0, Fax 96 69 27, Internet www.lauterstein.de.

»Kaltes Feld« heißt das Bergplateau, das nur noch am Furtlepass mit der Albhochfläche verbunden ist. Segelflieger, Wanderer und Wintersportler schätzen gleichermaßen diese Hochfläche, von der sich weite Blicke ins Albvorland bieten.

Der Wegverlauf

Von der Friedhofkapelle – sehenswert wegen einer Pietà – in **Lauterstein-Nenningen** gehen Sie auf der Ortsdurchfahrt zur Kirche, wenden sich nach links (Markierung: blauer Balken, Kaltes Feld) und steigen an zum Ortsrand und am Hang des Galgenbergs zu einer Wacholderheide. An deren unterem Rand scharf nach rechts (Ausschilderung: Galgenberg) zu einem Feldkreuz auf dem **Galgenberg** (30 Min.), einem schönen Aussichtspunkt.

29

Entlang der Hangkante gelangen Sie in einen Sattel zwischen dem Galgenberg und dem Bergrücken Kaltes Feld. Wo der Wirtschaftsweg rechts abschwenkt, gehen Sie geradeaus weiter (blauer Balken) und steigen am bewaldeten Südhang des **Kalten Felds** recht steil an zu einem Wirtschaftsweg, dem Sie nach links folgen, den Sie aber nach 30 m wieder nach links verlassen (blauer Balken, Franz-Keller-Haus). Dieser Waldweg mündet auf der Hochfläche in einen Fahrweg ein, der auf eine Wacholderheide mit mehreren Grillstellen und zum **Franz-Keller-Haus** führt (781 m; 1:30 Std.), einem Wanderheim des Schwäbischen Albvereins.

In westlicher Richtung (rotes Kreuz, Reiterles Kapelle) gelangen Sie an die Hangkante, halten sich links und stoßen auf einen quer laufenden Schotterweg, der bergab führt zu einer Wegkreuzung. Nach rechts steigen Sie in einen Sattel ab, in dem die winzige **Reiterles Kapelle** steht (2 Std.).

Ein Bauer namens Reuter errichtete die Kapelle im Jahr 1621 in Erfüllung eines Gelübdes. Der

In einem Sattel unterhalb des Bergplateaus Kaltes Feld steht die winzige Reiterles Kapelle.

Sage nach soll er hier eines Nachts dem Geist eines wilden Reiters nur mit knapper Not entkommen sein.

Auf dem Passsträßchen wenden Sie sich nach links in Richtung Nenningen und steigen nach wenigen Metern rechts an (blauer Punkt, Winzingen) auf einem asphaltierten Weg. Nach 500 m halten Sie sich an drei kurz aufeinander folgenden Weggabelungen jeweils links – an der zweiten Gabelung nicht der Markierung folgen! – und steigen im **Christental** wenige hundert Meter weit ab (keine Markierung) zu einer weiteren Gabelung. Sie halten sich rechts auf halber Höhe des Talhangs, gehen an einer Fahrwegkreuzung geradeaus und passieren ausgangs des Tals eine Gaststätte.

Von hier führt ein Sträßchen hinunter nach **Lauterstein-Nenningen**, wo Sie an der Grundschule rechts abbiegen und zum Friedhof zurückkehren.

30 Die Berghalbinsel Rosenstein

Wälle, Höhlen, Burgruine: Parkplatz oberhalb von Heubach – Ostfels – Große Scheuer – Burgruine Rosenstein – Heubach

 leicht

 5,5 km

 2 Std.

 ↑ 220 m ↓ 220 m

 ja

Tourencharakter: Reizvolle Wanderung am Albtrauf mit kurzem Anstieg zu Beginn; Höhlen, Burgruine, Aussichtsfelsen.
Beste Jahreszeit: April–Okt.
Ausgangspunkt: Heubach, am Nordrand des Albuch.
Endpunkt: Wie Ausgangspunkt.
Wanderkarte: LVA B-W-Freizeitkarte 521 (Göppingen), 1 : 50 000.
Markierung: Rote Gabel, rotes Dreieck.
Verkehrsanbindung: Pkw: B 29, Schwäbisch Gmünd-Aalen; in Böbingen abbiegen nach Heubach, durch die Stadt

in Richtung Bartholomä und an Fabrikgebäude links abbiegen (Ausschilderung: Wanderparkplatz, Rosenstein); 700 m zu Parkplatz. **Bus:** Linie Schwäbisch Gmünd-Aalen, in Heubach Haltestelle Marktplatz.
Einkehr: Waldschenke Rosenstein (Ruhetag Do, Nov.–April Ruhetag Mo, Di, Do, Fr).
Unterkunft: In Heubach u. a. Deutscher Kaiser (Tel. 07173/87 08).
Tourist-Info: Touristikgemeinschaft Sagenhafter Albuch, Hauptstr., 73540 Heubach, Tel. 07173/181 53, Fax 18154, www.albuch.de

Ein schmaler Sattel verbindet die Albhochfläche mit der Berghalbinsel Rosenstein, die bei Wanderern und Kletterern äußerst beliebt ist aufgrund der zahlreichen Felsen, der Aussichtspunkte, einer Burgruine und einer Waldschänke.

Auf einer Brücke überquert man den Graben der Burgruine Rosenstein.

Der Wegverlauf

Am talseitigen Rand des **Wanderparkplatzes** unterhalb der Burgruine Rosenstein gehen Sie in Richtung Talausgang auf einem Sträßchen (keine Markierung) leicht bergauf und biegen nach 200 m rechts ab auf einen Waldweg (Markierung: Rote Gabel, Wegspinne Rosenstein), der in einem engen Tal zur Hangkante ansteigt (knapp 30 Min.). Hier, am Übergang vom Albkörper zur **Berghalbinsel Rosenstein**, wenden Sie sich auf einem breiten Forstweg nach links durch eine jungsteinzeitliche **Wall- und Grabenanlage**.

Nach wenigen Metern folgen Sie an einer Wegespinne halb rechts einem Waldweg (rote Gabel, Finsteres Loch; Rosenstein-

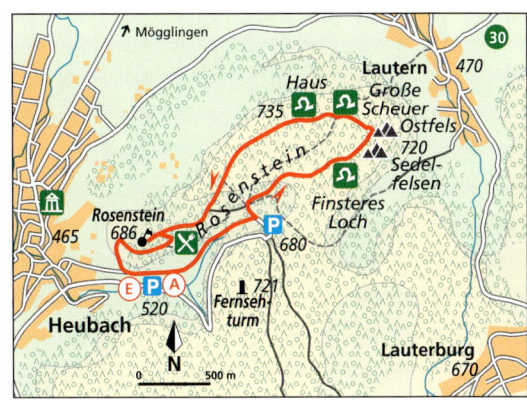

Randwanderweg), der bequem an die südöstliche Hangkante zu den **Sedelfelsen** führt. Rechter Hand, unterhalb der Hangkante, befindet sich die Höhle **Finsterloch**, mit 130 m die längste Höhle am Rosenstein.

Kurz darauf erreichen Sie den Aussichtspunkt **Ostfelsen** (auch: Hoher Stein; 45 Min.), und nun verläuft der Weg an der nördlichen Hangkante. Nach wenigen Minuten führen rechts einige Treppenstufen hinab zur **Großen Scheuer**, einer tunnelartigen Höhle mit drei großen Öffnungen.

Vermutlich verlief hier ein ganzes Höhlensystem, das beim allmählichen Zurückweichen des Albtraufs aufgrund der Erosion teilweise verschwand. Zu diesem Höhlensystem gehörte auch die 70 m weiter in Richtung Burgruine Rosenstein gelegene Höhle **Haus**.

In einer Senke folgen Sie einem Schotterweg nach rechts, queren einen Wall mit Graben – wohl aus der Zeit um 600 v. Chr. – und erreichen das **Gasthaus »Waldschenke«** (1:15 Std.); hier ein Grillplatz.

Sie passieren den Lärmfelsen und überqueren auf einem Metallsteg den tiefen Graben der **Burgruine Rosenstein** (1:30 Std.). Nur wenige Reste der um 1200 auf einem Bergsporn erbauten Burg sind erhalten, u. a. eine Wand des Palas, des einstigen Wohngebäudes.

Sie steigen in den Graben (rotes Dreieck, rote Gabel) und am Hang kurzzeitig steil ab und wenden sich am Fuß des Burgfelsens nach rechts (rotes Dreieck) zur Höhle **Kleine Scheuer**, die in der Jüngeren Altsteinzeit ein Rastplatz umherziehender Jäger war.

In Kehren führt der Weg am bewaldeten Hang hinab zu einem Sträßchen, auf dem Sie nach links (Ausschilderung: Parkplatz Stellung) zu Ihrem Ausgangspunkt zurückkehren.

31 Durch das Wental

Trockental und Felsenmeer: Parkplatz Hirschtal – Bibersohl – Felsenmeer – Wental – Parkplatz

⬤	leicht
🚶🚶 km	14 km
🕐	3 ½ Std.
⛰	↑ 130 m ↓ 130 m
☺	ja

Tourencharakter: Rundwanderung mit mäßigem Anstieg zu Beginn; zweite Streckenhälfte im Wental bequem abwärts.
Beste Jahreszeit: April–Okt.
Ausgangspunkt: Wanderparkplatz Hirschtal bei Steinheim am Albuch.
Endpunkt: Wie Ausgangspunkt.
Wanderkarte: LVA B-W-Freizeitkarte 522 (Aalen), 1 : 50 000.
Markierung: Gelbe Gabel, ein Abschnitt ohne Markierung (Orientierung einfach), Holztäfelchen mit Ziffern, gelbes Dreieck.
Verkehrsanbindung: PKW: Von der

B 466, Heidenheim-Bömenkirch, bei Sontheim i. Stubental abbiegen nach Steinheim a. Albuch; in Steinheim links in Richtung Gnannenweiler, kurz nach Ortsende rechts 1 km zum Parkplatz Hirschtal. **Bus:** Linie Heidenheim–Steinheim, Haltestelle Hirschtal.
Einkehr: Landhotel im Wental (Ruhetag Mo).
Unterkunft: In Steinheim u. a. Gasthaus Zum Kreuz (Tel. 07329/9 61 50).
Tourist-Info: 89522 Steinheim am Albuch, Tel. 07329/96 06-56, Fax 96 06-70, Internet www.steinheim.com.

Das Wental ist heute infolge der Verkarstung ein Trockental. Vor Millionen von Jahren strömten hier Wassermassen zur Donau und spülten einstige Schwammriffe frei.

Der Wegverlauf

Vom **Wanderparkplatz Hirschtal** bei Steinheim am Albuch steigt ein Fahrweg (Markierung: gelbe Gabel) im Hirschtal sanft an zu einer Weggabelung. Sie halten sich links und folgen dem nun steiler ansteigenden Forstweg »Rauhe Steige« (keine Markierung) auf die Albhochfläche zu einer Weggabelung (gut 30 Min.). Nach links gelangen Sie auf eine große Lichtung, kreuzen einen quer laufenden Wirtschaftsweg und überqueren die Lichtung auf einem Wiesenweg (keine Markierung) in nördliche Richtung.

»Felsenmeer« wird die Ansammlung von rund 30 hohen Felsen im Wental genannt.

Geradeaus führt ein Waldweg weiter, und wenig später folgen Sie an einer Wegkreuzung geradeaus dem Tannäckerweg, der am Rand einer weiteren Lichtung in einen geschotterten Fahrweg einmündet. Nach rechts (keine Markierung)

über die Lichtung erreichen Sie **Bibersohl** (1:15 Std.), ein Forsthaus mit drei Hülen. Hülen sind mit Lehm abgedichtete Teiche zum Sammeln von Regenwasser.

31

Tipp

Durch einen Meteoriteneinschlag entstand das Steinheimer Becken, ein Krater mit einem Durchmesser von knapp 3,5 km. Darüber informiert das **Meteorkrater-Museum** in Steinheim Sontheim (Di–So 9–12 und 14–17 Uhr, www.steinheim.com).

Kurz danach gabelt sich der Fahrweg. Sie gehen rechts weiter, sollten nun aber Acht geben: Sie folgen dem (ab der Fahrweggabelung) vierten rechts abzweigenden Waldweg (Markierung: Holztäfelchen mit Ziffern 2, 3 und 5), kreuzen einen quer laufenden Waldweg leicht nach links (Ziffern 1, 2 und 3) und gelangen auf einem Waldweg in einem Rechtsbogen zu einer Gabelung. Nach rechts über eine niedere Erhebung erreichen Sie im Wental das **Landhotel Wental** (1:45 Std.), ein beliebtes Ausflugsziel.

Jenseits der Straße Steinheim-Bartholomä erstreckt sich das **Felsenmeer** mit etwa dreißig einzeln stehenden Felsen; mehrere Grillstellen. Am Landhotel überqueren Sie nach rechts den Hotel-Parkplatz und folgen einem Wirtschaftsweg (gelbes Dreieck) im engen, windungsreichen **Wental** bequem abwärts. Aus den Talhängen ragen zahlreiche Felsen empor, u. a. auch ein als Wentalweible bekannter Fels, erkennbar an einem Kreuz auf dem Felskopf (2:30 Std.).

Sie gelangen in einen als **Gnannental** bezeichneten Talabschnitt mit einem Rast- und Spielplatz (gut 3 Std.). Hier beginnt ein asphaltierter Weg, der entlang des Wental-Rückhaltebeckens verläuft. Über eine Treppe am Damm des Beckens kehren Sie in das **Hirschtal** und an Ihren Ausgangspunkt zurück.

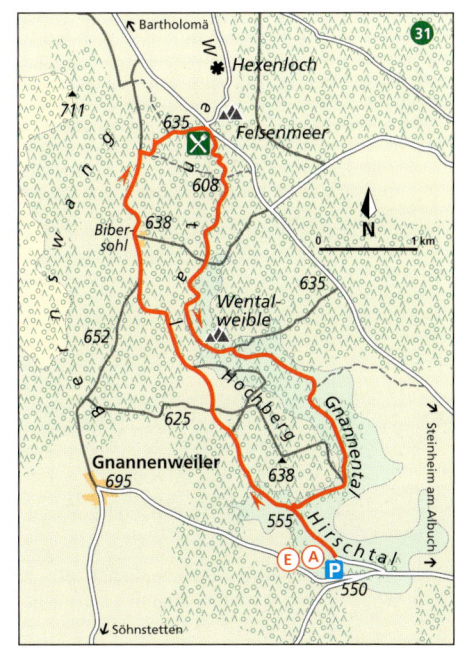

32

Durch das Eselsburger Tal

Eine Talschlinge der Brenz: Herbrechtingen – Anhausen –
Burgruine Falkenstein – Eselsburg – Herbrechtingen

⬤	leicht
🚶🚶 **km**	11 km
🕐	3 Std.
↑ 180 m ↓ 180 m	
☺	ja

Tourencharakter: Leichte, landschaftlich reizvolle Rundwanderung in einer Talschlinge der Brenz; zwei leichte Anstiege.

Beste Jahreszeit: April–Okt.

Ausgangspunkt: Herbrechtingen, Kleinstadt im Brenztal.

Endpunkt: Wie Ausgangspunkt.

Wanderkarte: LVA B-W-Freizeitkarte 525 (Ulm), 1 : 50 000.

Markierung: Rote Gabel, rote Raute, roter Balken; einige Abschnitte ohne Markierung.

Verkehrsanbindung: PKW: A 7, Würzburg–Ulm, Ausfahrt Giengen / Herbrechtingen; B 19 nach Herbrechtingen; im Ort an Ampelkreuzung nach links, dann rechts abbiegen zu Parkplatz bei Festplatz / Hallenbad. **Bahn:** Linie Ulm–Heidenheim, Haltestelle Herbrechtingen.

Einkehr: Gasthäuser in Herbrechtingen; Gasthof in Anhausen; Talschänke in Eselsburg (geöffnet Di–Fr ab 14 Uhr, Sa/So ab 10 Uhr).

Unterkunft: In Herbrechtingen u. a. Hotel Grüner Baum (Tel. 07324/95 40).

Tourist-Info: Stadtverwaltung, Lange Str. 58, 89452 Herbrechtingen, Tel. 07324/9 55-0, www.herbrechtingen.de.

Das »Eselsburger Tal«, ein reizvoller Abschnitt einer Brenz-Talschlinge südlich von Herbrechtingen, ist seiner Felsen wegen bei Wanderern und Radfahrern gleichermaßen beliebt.

Tipp

Im **Steiff-Museum in Giengen** befindet sich eine große Sammlung der im Steiff-Werk gefertigten Plüschtiere. Ein Videofilm informiert über die Herstellung der heutigen Steiff-Produkte (Museum: Mo–Fr 13–16 Uhr, Sa 8.30–12 Uhr, 1. Sa im Monat bis 16 Uhr. Verkaufsraum: Mo–Fr 9–18, Sa wie Museum).

Der Wegverlauf

Vom Parkplatz »Festplatz« in **Herbrechtingen** steigen Sie rechts neben dem Hallenbad auf einem asphaltierten Weg an (Markierung: rote Gabel), biegen nach 200 m rechts ab (keine Markierung) zum Rand einer Wohnsiedlung und folgen nach links bergauf dem Sträßchen Heideweg. Schon fast auf der Höhe des Hügelrückens **Buigen** kreuzen Sie die Buigenstraße. Ein Feldweg führt geradeaus über den Rücken, und am Westhang steigen Sie auf einem nur undeutlichen Wiesenweg (keine Markierung) in das **Brenztal** hinunter.

Am Fuß des Talhangs wenden Sie sich nach rechts und folgen nach links einem Fuß- und Radweg an der Straße Herbrechtingen–Anhausen (rote Raute) über die Brenz. Am ehemaligen **Benediktinerkloster Anhausen** (12. Jh.) zweigt rechts ein Weg ab (rote Raute), der durch den einstigen Klosterbezirk führt (45 Min.).

Sie überqueren die Straße, folgen dem Kapellenweg nach links zum Waldrand und steigen bequem an (roter Balken, Falkenstein, HW 4) zur Hangkante und zu einem stattlichen Anwesen, der **Domäne Falkenstein** (1:30 Std.). Nach dem Wohngebäude links zu der auf einem schmalen Felssporn sitzenden **Burgruine Falkenstein** (ca. 520 m), einem Aussichtspunkt hoch über dem Brenztal.

Von der Domäne-Zufahrt biegen Sie nach 50 m links ab (roter Balken), verlassen diesen Weg nach 100 m wieder und folgen einem an der Hangkante schnurgerade verlaufenden Waldweg, der nach etwa 1 km rechts abknickt und in die Straße Eselsburg–Dettingen a. Albuch einmündet.

Hier überqueren Sie einen linker Hand gelegenen Parkplatz und folgen nach links einem Forstweg (Ausschilderung: Eselsburg), vorbei an der **Spitzbubenhöhle**, hinunter zur Brenz. Auf dem Talgrund nach rechts in die kleine Ortschaft **Eselsburg** (2:15 Std.).

Kurz nach dem Ortsende überqueren Sie eine Brücke über den Fluss und wenden sich sofort nach rechts. Am gegenüberliegenden Hang fallen einige mächtige Schwammstotzen auf; die bekannteste Felsformation ist die Doppelnadel »**Steinerne Jungfrauen**«. Unmittelbar entlang der Brenz kehren Sie an Ihren Ausgangspunkt in **Herbrechtingen** zurück.

Der Sage nach handelt es sich bei den beiden Felsennadeln im Eselsburger Tal um versteinerte Jungfrauen.

33 Durch das Lonetal

Auf den Spuren der Eiszeitjäger: Parkplatz im Lonetal – Vogelherdhöhle – Stetten ob Lontal – Lindenau – Hohlenstein – Parkplatz

 leicht

 10,5 km

2 3/4 Std.

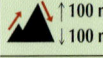 ↑ 100 m ↓ 100 m

 ja

Tourencharakter: Urgeschichtlich interessante Rundwanderung ohne nennenswerte Anstiege; Teilstrecke in autofreiem Talabschnitt; Höhlen.
Beste Jahreszeit: April–Okt.
Ausgangspunkt: Wanderparkplatz im Lonetal an der Straße Bissingen–Stetten im Lontal.
Endpunkt: Wie Ausgangspunkt.
Wanderkarte: LVA B-W-Freizeitkarte 525 (Ulm), 1 : 50 000.
Markierung: Erster Abschnitt ohne Markierung; rotes Dreieck, rote Gabel, roter Balken.
Verkehrsanbindung: A 7 Würzburg–

Ulm, Ausfahrt Niederstotzingen; Landstraße in Richtung Niederstotzingen; Wanderparkplatz im Lonetal, zwischen Bissingen und Stetten ob Lontal.
Einkehr: Gasthof Adler in Stetten ob Lontal (Di–Sa ab 17.30, So ab 11 Uhr); Wirtschaft Im Schlössle in Lindenau (Ruhetag Mo, Mitte Okt.–Ende April auch Di).
Unterkunft: Gasthof Adler in Stetten ob Lontal (Tel. 07325/91 90 90).
Tourist-Info: Stadtverwaltung, Lange Str. 58, 89452 Herbrechtingen, Tel. 07324/9 55-0, www.herbrechtingen.de.

Weltberühmt sind die Höhlen Hohlenstein-Stadel und Vogelherd, denn Forscher fanden hier kleine, nur wenige Zentimeter große Figuren, die aus Mammut-Elfenbein geschnitzt wurden und als die ältesten Kunstwerke der Menschheit gelten (Alter ca. 30 000 Jahre).

Die Vogelherdhöhle

Der Wegverlauf

Gleich am **Wanderparkplatz** zwischen Bissingen und Stetten ob Lontal überqueren Sie die Straße, folgen einem Fußweg nach rechts über die Lone und kreuzen die hier nach Hürben abzweigende Straße. Am bewaldeten Talhang steigen Sie kurzzeitig steil auf zu den drei Eingängen der **Vogelherdhöhle** (10 Min.); oberhalb der Höhle eine Grillstelle. In der Höhle wurden u. a. kleine Tierfiguren aus Elfenbein – Mammut, Wildpferd, Bison, Höhlenlöwe, Bär – entdeckt, die aus der Mittleren Altsteinzeit stammen.

Geradeaus steigen Sie am Südosthang ab zu einem Feldweg, auf dem Sie am Rand von Feldern 50 m nach links (keine Markierung), dann nach rechts zum Waldrand gehen und auf einem Fahrweg den Ortsrand von **Stetten ob Lontal** erreichen (30 Min.) Geradeaus (Markierung: rotes Dreieck) in den Ort und nach rechts in die Ortsmitte, wo Sie am Gasthof Adler, kurz vor einem Barockschloss, nach links in der Mitteldorfstraße – nicht der sofort wieder nach links weisenden Markierung folgen! – zur Durchgangsstraße gelangen.

Sie überqueren die Straße (rotes Dreieck, Lindenau; ab hier gut markiert) und verlassen auf der geradeaus führenden Wasserhaustraße den Ort. Am Waldrand halten Sie sich links zu einer Wegkreuzung, von der ein Waldpfad nach rechts leicht ansteigt. Kurz nach Verlassen des Waldes wenden Sie sich nach links – Lindenau ist schon zu sehen – zu einem asphaltierten Fahrweg, der in den Weiler **Lindenau** führt (knapp 2 Std.).

Es handelt sich um einen ehemaligen Mönchshof mit Wallfahrtskirche (15. Jh.); heute ist Lindenau wegen der Gaststätte »Im Schlössle«, eingerichtet im einstigen Hospiz, ein beliebtes Ausflugsziel.

An der Gaststätte folgen Sie nach rechts einem Fahrweg (rote Gabel, Hohlenstein), der bequem in das **Lonetal** hinunterführt. Am Fuß des Talhangs zweigt rechts ein Pfad ab zum **Hohlenstein** (hin und zurück 5 Minuten) mit drei Höhlen: Bärenhöhle, Kleine Scheuer und Stadel.

Am bedeutendsten waren die Funde im Stadel, vor allem eine Löwen-Mensch-Figur aus der Jüngeren Altsteinzeit (vor ca. 25 000 Jahren).

Sie überqueren die Lone und gelangen nach rechts, talabwärts, auf einem bequemen Wirtschaftsweg an Ihren Ausgangspunkt zurück.

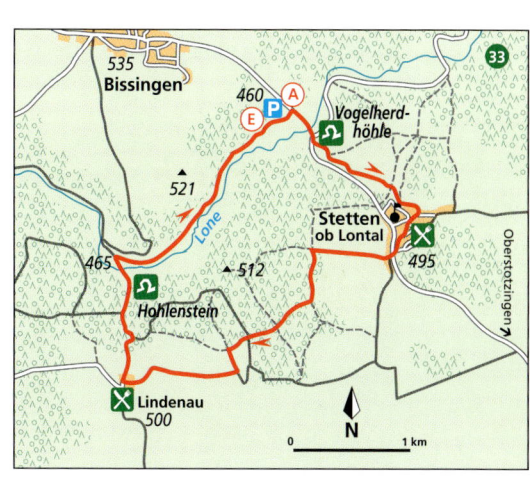

34 Auf dem Rand des Nördlinger Ries

Durch Wald und Wildgehege: Ederheim – Ofnethöhlen – Christgarten im Karthäusertal – Hürnheim – Ederheim

mittel	
17 km	
4 ½ Std.	
↑ 330 m ↓ 330 m	
ab 10	

Tourencharakter: Abwechslungsreiche Rundwanderung, mehrere leichte Anstiege, ein kurzer, steiler Anstieg; zwei Höhlen, Schwarzwildgehege, Klosterruine.
Beste Jahreszeit: Mai – Okt.
Ausgangspunkt: Ederheim, 5 km südwestlich von Nördlingen.
Endpunkt: Wie Ausgangspunkt.
Wanderkarte: LVA B-W-Freizeitkarte 522 (Ellwangen), 1 : 50 000.
Markierung: Blaue Raute, blau-weiße und rot-weiße Querbalken, rotes Dreieck, blaues Dreieck.
Verkehrsanbindung: PKW: B 466, Nördlingen–Neresheim–Heidenheim;

5 km südwestlich von Nördlingen abbiegen nach Ederheim; im Ort nach rechts zum Parkplatz am Sportgelände.
Bahn: Linie Aalen–Nördlingen. **Bus:** Linie Nördlingen–Ederheim–Amerdingen, nur werktags.
Einkehr: Thalmühle Ederheim; Waldschänke Alte Bürg (Ruhetag Di); Gasthof in Christgarten (Ruhetag Mi); Gh. Sonne in Hürnheim z.Zt.geschlossen.
Unterkunft: In Christgarten Gasthaus zum Schwan (Tel. 09081/36 70).
Tourist-Info: Touristikverein Ries-Ostalb, Marktplatz 1, 73441 Bopfingen, Tel. 07362/8 01 22, Fax 8 01 50, www.bopfingen.de

Wie Funde beweisen, dienten die Ofnethöhlen in der Mittleren Steinzeit Menschen als Unterschlupf.

Das Nördlinger Ries – eine kreisrunde Ebene von 25 km Durchmesser, umgeben von einem 50–150 m hohen Rand – entstand, als vor 15 Mill. Jahren ein riesiger Steinmeteorit auf die Erdoberfläche aufschlug. Durch den enormen Druck wurden Gesteinsschichten zusammengepresst, stiegen die Temperaturen auf 30 000 °C an, verdampfte der Meteorit sowie das umgebende Gestein, wurde im Umkreis von 500 km alles pflanzliche und tierische Leben ausgelöscht. Durch die explosionsartige Druckentlastung wurden riesige Gesteinsbrocken hochgeschleudert, heute markante Weißjura-Erhebungen in der näheren Umgebung des Ries.

Der Wegverlauf

Vom Parkplatz am Sportgelände in **Ederheim** gehen Sie 50 m in Richtung B 466, Neresheim – Nördlingen, folgen einer quer laufenden Straße nach rechts und nach wenigen Metern, unmittelbar vor einer Brücke über den Rezenbach, nach links einem Wiesenweg (keine Markierung) entlang des Baches. Nach 400 m überqueren Sie bei einigen Häusern den

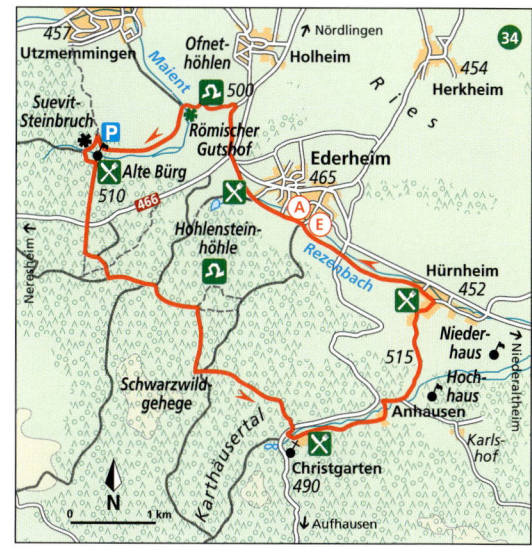

Bach, gehen auf der Straße nach links zur **Thalmühle** (Gaststätte) und steigen 25 m vor der Thalmühle rechts auf einem Wiesenweg (keine Markierung) leicht an zur Straße Ederheim-B 466. Wenig später überqueren Sie die B 466, Nördlingen–Heidenheim, und halten sich auf einem Sträßchen nach rechts (Markierung: blaue Raute, Ofnethöhle). Vor einem Steinbruch am Fuß der niederen Erhebung **Himmelreich** – hierbei handelt es sich um eine Weißjura-Scholle, die nach dem Meteoriteneinschlag vom Kraterrand in den Krater abrutschte – biegen Sie links ab, verlassen diesen Weg aber nach wenigen Metern wieder nach rechts. Ein Pfad (blaue Raute, Fußweg zu den Ofnethöhlen) führt am Südhang der Erhebung bequem zu den **Ofnethöhlen** hinauf (45 Min.), die sich nur wenige Meter unterhalb der Scheitelhöhe befinden.

In den Höhlen wurden neben Steinwerkzeugen aus der Mittleren Altsteinzeit (vor ca. 40 000 Jahren) auch 13 000 Jahre alte menschliche Schädel gefunden, wobei Ketten und Muschelschalen als Beigaben auf Opferrituale hindeuten.

Es lohnt, die wenigen Meter auf die Scheitelhöhe anzusteigen, denn Sie blicken auf das Ries mit Nördlingen, auf den Ipf, die Burgruine Flochberg bei Bopfingen und Schloss Baldern. Am Fuß des Himmelreichs passieren sie die restaurierten Grundmauern eines **römischen Gutshofs** aus dem 2. Jh. n. Chr. und gelangen zu einer nur wenige Meter talabwärts gelegenen Fahrweggabelung. Der nach links leicht ansteigende Fahrweg (blau-weiße Markierung; Zur Alten Bürg) führt zum Waldrand. Sie halten sich rechts – nicht der blau-weißen Markierung nach links folgen! – entlang des Waldrands und biegen an einem Parkplatz links

34 ab auf einen Forstweg (blau-weiß), der zur Waldschenke Alte Bürg führt.

Nur 100 m vor der Gaststätte folgen Sie allerdings einem Weg nach rechts und gelangen zu einem stillgelegten, unter Geologen weltweit bekannten **Steinbruch**. Hier steht Suevit (Schwabenstein) an, der u. a. für den Bau der Nördlinger Georgskirche und der Stadtmauer abgebaut wurde. Suevit ist ein Gestein, das erst bei dem Meteoriteneinschlag entstand, als das Gestein unter hohem Druck und hohen Temperaturen aufgeschmolzen bzw. zertrümmert wurde. Dabei bildete sich ein Gemisch aus Granit, Gneis und glasartigen, wieder erstarrten Gesteinsfetzen.

Sie gehen links weiter – auf der niederen Erhebung zu Ihrer Linken steht die **St.-Hippolyt-Kapelle**, die vermutlich schon im

12. Jh. mit einer mittlerweile verschwundenen Burganlage als Burgkapelle erbaut wurde – und erreichen die **Waldschenke Alte Bürg** (1:15 Std.).

Bei der Gaststätte steigt ein Waldweg (rotweiß, Zum Blankenstein, Abzweigung Hohlenstein) stetig an zur B 466, führt jenseits der Straße (rot-weiß, Über die Scheckenwiesen zum Hohlenstein) gerade-

Gut zu erkennen ist der Grundriss eines römischen Gutshofs, der im 2. Jahrhundert n. Chr. am Fuß der Erhebung Himmelreich erbaut wurde.

aus bergab zu einer Wegkreuzung, an der Sie sich nach links wenden (Ausschilderung: Zum Blankenstein) und auf einer Lichtung, den Scheckenwiesen, auf einen Querweg stoßen. Diesem als Waldlehrpfad eingerichteten Weg folgen Sie wenige hundert Meter nach rechts und halten sich auf einem quer laufenden Fahrweg nach links bergab (Ausschilderung: Kürzerer Rundweg Talmühle) – nicht geradeaus dem rot-weiß markierten Pfad folgen! – zu einer Weggabelung mit einer Rasthütte.

Der rechts abzweigende Fahrweg steigt in einer lang gezogenen Linkskurve leicht an zu einer Wegkreuzung. Hier ist nach links ein ausgeschilderter **Abstecher** möglich zur **Hohlensteinhöhle** (hin und zurück 10 Min.), in der Funde aus der Alt- und Jungsteinzeit gemacht wurden; u. a. eine Kalksteinplatte, in die weibliche Figuren und Wildpferdköpfe eingraviert sind.

An der Wegkreuzung gehen Sie geradeaus, wenden sich vor einer ausgedehnten Lichtung nach rechts (rot-weiß, Christgarten) und überwinden wenig später mittels einer leiterartigen Steighilfe

34

Tipp

Über den Meteoriteneinschlag und seine Folgen informiert anschaulich das **Rieskrater-Museum in Nördlingen** (ganzjährig täglich außer Montag 10–12 und 13.30–16.30 Uhr).

In der **historischen Altstadt** der einstigen Reichsstadt Nördlingen finden regelmäßig Stadtführungen statt (Ostern–Allerheiligen tägl. 14 Uhr ab Verkehrsamt).

den Zaun eines **Wildgeheges** der Fürstlichen Forstverwaltung Wallerstein (2:15 Std.). Hier leben größere Rotten von Wildschweinen, die sich durch den Menschen kaum stören lassen. Dennoch sind Zurückhaltung, vor allem bei Sauen mit Frischlingen, und die Einhaltung des Fütterungsverbots zu empfehlen!

Ein grasbewachsener Weg führt zu einer Wegkreuzung, von der Sie nach links zu einer weiteren Kreuzung gelangen. Auf dem geradeaus führenden Weg (Ausschilderung: Christgarten) steigen Sie stetig leicht ab, verlassen schließlich das Wildgehege und folgen im **Karthäusertal** der Talstraße nach rechts zum Weiler **Christgarten** mit der Ruine eines gleichnamigen Kartäuserklosters (knapp 3 Std.). Erhalten sind nur einige Mauerreste und der Chor der Klosterkirche (um 1400).

Mittels einer hölzernen Leiter übersteigt man den hohen Zaun, der das ausgedehnte Wildgehege der Fürstlichen Forstverwaltung Wallerstein umgibt.

An einer Gaststätte überqueren Sie den Forellenbach und folgen einem Weg (rotes Dreieck, HW 1) am Fuß des bewaldeten Talhangs, vorbei an der Hoppelmühle, zur kleinen Ortschaft **Anhausen**. Nach links gehen Sie zwischen den wenigen Gehöften hindurch, überqueren den Talgrund und folgen einer Straße nach rechts in Richtung Domäne Karlshof. Nach 200 m gabelt sich die Straße. Sie wenden sich nach links (blaues Dreieck), halten sich an einer kurz darauf folgenden weiteren Gabelung erneut links und steigen am Hang eines wacholderbestandenen Bergrückens auf einem Wirtschaftsweg an (blaues Dreieck). Rechter Hand ist die beeindruckende Burgruine Niederhaus zu sehen.

Über die Scheitelhöhe des Bergrückens hinweg steigen Sie in das Tal des Rezenbachs ab und gelangen in das Dörfchen **Hürnheim** (knapp 4 Std.), wo Sie sich nach links in die quer laufende alte Dorfstraße wenden. Entlang des Baches folgen Sie einem asphaltierten Fahrweg, kreuzen die Straße Ederheim-Christgarten und kehren an Ihren Ausgangspunkt in **Ederheim** zurück.

35 Vom Ipf zum Schloss Baldern

Vorgeschichtlicher Ringwall, barockes Schloss: Bopfingen – Ipf – Schloss Baldern – Bopfingen

mittel

18 km

5 Std.

↑ 550 m
↓ 550 m

ab 13

Tourencharakter: Rundwanderung in hügeliger Landschaft; Anstieg.
Beste Jahreszeit: Mai–Okt.
Ausgangspunkt: Bopfingen, am Nordost-Rand der Alb.
Endpunkt: Wie Ausgangspunkt.
Wanderkarte: LVA B-W-Freizeitkarte 522 (Ellwangen), 1 : 50 000.
Markierung: Rote Gabel; zwei Abschnitte ohne Markierung.
Verkehrsanbindung: PKW: A 7 Würzburg–Ulm, Ausfahrt Aalen/Westhausen;

B 29 nach Bopfingen; im Ort nach links (Ausschilderung: Klinik am Ipf) zu Parkplatz am Flüsschen Sechta. **Bahn:** Linie Aalen–Donauwörth.
Einkehr: Gaststätten in Bopfingen und Oberdorf; im Schloss Baldern eine Schänke im ehemaligen Marstall.
Unterkunft: In Bopfingen u. a. Sonnenwirt (Tel. 07362/9 60 60).
Tourist-Info: Marktplatz 1, 73441 Bopfingen, Tel. 07362/8 01 22, Fax 8 01 50, www.bopfingen.de.

Vor dem Albrand erheben sich der Ipf mit einer vorgeschichtlichen Ringwallanlage und eine beim Einschlag des Nördlinger Meteoriten herausgeschleuderte Erdscholle, auf der das barocke Schloss Baldern thront.

Der Wegverlauf

Im 6. Jahrhundert v. Chr. wurden die Wälle und Gräben am Osthang des Ipf angelegt.

In **Bopfingen** steigen Sie vom Parkplatz an der Sechta in der Jahnstraße an und folgen geradeaus einem Feldweg, der am Hang des Ipf ansteigt. Sie passieren einen Kinderspielplatz und wenden sich nach 200 m an einer auffälligen Buschreihe nach rechts auf die Ostflanke des Ipf. Eine Allee (Markierung: rote Gabel) führt durch Wälle und Gräben auf den **Ipf** (668 m; 45 Min.); herrlicher Rundblick. Das Gipfelplateau war von einem Ringwall umgeben (ca. 1000 v. Chr.); die Wälle und Gräben am Osthang entstanden im 6. Jh. v. Chr.

Am Westhang – nun immer der »roten Gabel« folgend – steigen Sie steil ab nach **Oberdorf** und durchqueren den Ort. Ein Wirtschaftsweg führt entlang des Waldrands und durch Wald zur Straße Oberdorf–Baldern (knapp 2 Std). Ihr folgen Sie, mit Blick auf Schloss Baldern, durch eine Talsenke zu den **Blankenhöfen**. 30 m vor dem Ortsschild Baldern zweigt rechts ein Pfad ab und steigt am Schlossberg an zu einem Parkplatz. Ein breiter Fußweg führt vollends zu

35

Schloss Baldern (2:30 Std.; stündliche Führungen Mitte März–31. Okt., Di–So 10–17 Uhr).

Zurück am Parkplatz, steigen Sie geradeaus ab nach **Baldern**. Auf der Ortsdurchfahrt rechts zur Kirche und links in der Weilerstraße bergab. Auf der Talsohle verlassen Sie die Straße nach rechts, erreichen die Scheitelhöhe eines Hügelrückens und biegen bei einigen Feldscheunen (3:30 Std.) links ab.

Sie folgen dem Asphaltweg (keine Markierung) zu einer Weggabelung (4 Std.) am Rand eines Waldstücks und wenden sich nach links. Bequem führt der Fahrweg hinunter nach **Oberdorf** (4:30 Std.).

Durch die Karksteinstraße, über Treppen zur Ellwanger Straße und auf dem links abzweigenden Egerweg kehren Sie entlang der Eger nach **Bopfingen** zurück und folgen der Jahnstraße zu Ihrem Ausgangspunkt.

AUSKUNFT

Touristikgemeinschaft Schwäbische Alb
Marktplatz 1, 72574 Bad Urach,
Tel. 07125/94 81 06, Fax 94 81 08
E-Mail tgsa@schwaebischealb.de
Internet www.schwaebischealb.de

Landratsamt Alb-Donau-Kreis
Schillerstr. 30, 89077 Ulm
Tel. 0731/1 85-1300, Fax 1 85-13 04
E-Mail wirtschaft@alb-donau-kreis.de
Internet www.alb-donau-kreis.de

Gemeindeverwaltungsverband Erholungs-gebiet Donau-Heuberg
Rathaus, 78567 Fridingen a. d. D.
Tel. 07463/83 70, Fax 8 37 50
E-Mail verkehrsamt@donau-heuberg.de
Internet www.donau-heuberg.de

Touristikgemeinschaft Erlebnis-Region Schwäbische Ostalb
Marktplatz 2, 73430 Aalen
Tel. 07361/52-23 58, Fax 52-23 62
E-Mail touristik-service@aalen.de
Internet www.aalen.de

Freigewitterte Schwamm-riffe, so ge-nannte Schwamm-stotzen, wie hier im Fel-senmeer, zie-hen Wande-rer an.

Touristikgemeinschaft Großes Lautertal–Mittlere Schwäbische Alb
Rathaus, 72525 Münsingen
Tel. 07381/1 82-1 45, Fax 1 82-1 01
E-Mail touristinfo@muensingen.de
Internet www.muensingen.de

Fremdenverkehrsgemeinschaft Mittlere Schwäbische Alb »Mythos Schwäbische Alb«
Bei den Thermen 4, 72574 Bad Urach
Tel. 07125/94 32-0, Fax 94 32-22
E-Mail info@badurach.de
Internet www.mythos-schwaebische-alb.de

**Touristikgemeinschaft
Oberes Schlichemtal**
Schillerstr. 29, 72355 Schömberg
Tel. 07427/94 98-0, Fax 94 98-30
E-Mail gvv@oberes-schlichemtal.de
www.oberes-schlichemtal.de

**Touristikgemeinschaft
»Gastliches Härtsfeld«**
Hauptstr. 21, 73450 Neresheim
Tel. 07326/81 49, Fax 81 46
E-Mail tourist@neresheim.de
Internet www.neresheim.de

Touristikverein Ries-Ostalb
Marktplatz 1, 73441 Bopfingen
Tel. 07362/8 01-22, Fax 8 01-50
E-Mail tourismus@bopfingen.de
Internet www.bopfingen.de

Sagenhafter Albuch
Hauptstr., 73540 Heubach,
Tel. 07173/181 53, Fax 181 54
E-Mail tourist-info@heubach.de
Internet www.albuch.de

Touristikgemeinschaft Stauferland
Marktplatz. 37/1, 73525 Schwäbisch Gmünd
Tel. 07171/6 03-42 50, Fax 6 03-42 99
E-Mail info@stauferland.de
Internet www.stauferland.de

Haus der Natur
Wolterstr. 16, 88631 Beuron
Tel. 07466/92 80-15, Fax 92 80-23
E-Mail naturparkoberedonau@t-online.de
Internet www.naturpark-obere-donau.de

*Die Burgruine Rosenstein ist eine der
zahlreichen Burgruinen am Albtrauf.*

Verkehrsverein Teck-Neuffen
Max-Eyth-Str. 15, 73230 Kirchheim unter Teck
Tel. 07021/30 27, Fax 48 05 38
E-Mail tourist@kirchheim-teck.de
Internet www.albtrauf.de

Zollernalb-Touristinformation
Hirschbergstr. 29, 72336 Balingen
Tel. 07433/92 11 39, Fax 92 16 60
E-Mail tourismus@zollernalbkreis.de
Internet www.zollernalb.com

HOTELS
Informationen zu Hotels und Gasthöfen sind im Internet abrufbar
unter www.schwaebischealb.de

JUGENDHERBERGEN
Jugendherbergen im Bereich der Schwäbischen Alb: in Aalen,
Bad Urach, Balingen, Blaubeuren, Ellwangen, Sonnenbühl-Erp-
fingen, Heidenheim, Hohenstaufen, Königsbronn, Leibertingen
(Burg Wildenstein), Lochen, Sigmaringen, Ulm.
Auskunft:
Deutsches Jugendherbergswerk, Landesverband
Baden-Württemberg
Schwieberdingerstr. 62, 70435 Stuttgart
Tel. 0711/16 68 60, Fax 1 66 86 30,
E-Mail info-stuttgart-bw@djh.de
Internet www.djh.de

KARTENMATERIAL
1 Das Landesvermessungsamt Baden-Württemberg (in den Tou-
renkästen der Wanderungen abgekürzt: LVA B-W) veröffentlicht
folgende Kartenserien:
Topographische Karten im Maßstab 1 : 100 000 (mit Radwanderwegen); 1 : 50 000 (mit Wander- und Radwanderwegen; gut
geeignet als Wanderkarten); 1 : 25 000 (ohne touristische
Eintragungen).

2 In Zusammenarbeit des LVA B-W mit dem Schwäbischen Albverein bzw. dem Schwarzwaldverein erschien die Serie »Freizeit-
karte 1 : 50 000« (mit Wanderwegen, Feuerstellen, zahlreichen
touristisch interessanten Eintragungen)

3 Alle Karten sind im Buchhandel erhältlich oder können u. a.
bezogen werden bei:

Karten und Reiseführer Jürgen Schrieb
Schwieberdinger Str. 10/2, 71706 Markgröningen
Tel./Fax 0 71 45/2 60 78
E-Mail karten.schrieb@t-online.de
Internet www.karten-schrieb.de

4 Die vom LVA B-W herausgegebenen Karten können direkt
bezogen werden bei:

Landesvermessungsamt Baden-Württemberg
Büchsenstr. 54, 70174 Stuttgart
Tel. 07 11/1 23 28 31, Fax 1 23 29 80
E-Mail lv.vertrieb@vermbw.bwl.de
Internet www.lv-bw.de

MUSEEN

Eine Auswahl interessanter Museen:

Aalen, Limesmuseum: Informiert über das größte römische Rei-
terkastell nördlich der Alpen (Di–So 10–17 Uhr; Tel. 07361/
96 18 19).

Beuren, Freilichtmuseum: Wohn- und Wirtschaftsgebäude von
der Schwäbischen Alb (1. April–Anfang Nov. tägl. 9–18 Uhr
außer Mo; Tel. 07025/9 11 90 90).

Blaubeuren, Urgeschichtliches Museum: → **Wanderung 25.**

**Ellwangen, Alamannenmu-
seum:** Funde aus der Zeit
der alamannischen Besied-
lung (Tel. 07961/8 42 38).

Engstingen, Automuseum:
Verschiedenste Fahrzeuge
sowie Wohnungseinrich-
tungen aus den Jahren der
Nachkriegszeit 1945–1959
(Di–So 10–17 Uhr,
Tel. 07129/73 87).

Wie früher die Bewohner der Schwäbischen Alb lebten, das erfährt man im Freilichtmuseum Beuren.

Göppingen, Märklin-Museum: Rund 900 Modell-Eisenbahnen aus der Märklin-Produktion (Mo–Fr 9–17 Uhr, Sa 9–14 Uhr).

Hechingen, Ortsteil Stein, Römisches Freilichtmuseum: Gutsanlage aus römischer Zeit mit teilweise rekonstruierten Gebäuden (1. April–1. Nov. tägl. 10–17 Uhr außer Mo; Tel. 07471/64 00).

Hohenstein, Ortsteil Ödenwaldstetten, Bauernhausmuseum: Vollständig eingerichtetes Bauernhaus sowie Ausstellung landwirtschaftlicher Maschinen, Trachten, Spielzeug usw. (Mai–Okt. Mi, Sa, So 14–17 Uhr; Tel. 07387/98 70-0).

Hundersingen, Heuneburg und Heuneburg-Museum: Teilweise rekonstruierter keltischer Fürstensitz Heuneburg und Heuneburg-Museum über die Keltenzeit (1. April–31. Okt. Di–Sa 13–16.30 Uhr, So 10–12 und 13–17 Uhr; Tel. 07586/16 79).

Ulm, Museum für Brotkultur: Dokumente, Geräte und Bilder informieren über die Geschichte des Backens (täglich 10–17 Uhr, Mi 20.30 Uhr; Tel. 0731/6 99 55).

REISE- UND WANDERZEIT

Zu den ersten Blumen, die im Frühjahr blühen, gehören die weißen Märzenbecher.

Wandern ist auf der Alb zu jeder Jahreszeit möglich. Im **Winter** kann bei Schnee das Begehen der schmalen Pfade am Albtrauf nicht möglich sein, doch kann man dann auf die asphaltierten

Wege ausweichen. Mitte **März** beginnen die ersten Frühjahrsblumen, wie z. B. die Märzenbecher, zu blühen. Die eigentliche Reisesaison auf der Alb beginnt im **April:** dann finden Führungen, z. B. auf dem Lichtenstein oder in der Nebelhöhle, täglich statt und sind die Museen geöffnet. Im Albvorland blühen die Obstbäume und auf der Hochfläche die Steinriegelhecken. Ab Anfang **Mai** sind die Buchenwälder belaubt und blühen die meisten der rund 30 auf der Alb wachsenden Orchideenarten. Reizvoll ist auch der **Herbst**, wenn sich die Blätter der Buchen verfärben. Im **Spätherbst** und **Winter** ermöglichen Inversionswetterlagen Fernblicke bis auf die Alpen, vor allem von den Gipfeln der Südwestalb.

SPORTMÖGLICHKEITEN

Golf: Mehrere Golfplätze, sowohl 9-Loch-Anlagen als auch 18-Loch-Anlagen. Weitere Informationen unter: www.tourismus-bw.de/golf_in_baden_wuerttemberg

Reiten: Zahlreiche Reitervereine und Reiterhöfe bieten Reitunterricht, Reitkurse und Reiterferien an.

Flugsport: Knapp 30 Flugplätze für Motor- und Segelflieger. Am bekanntesten sind die Segelfluggelände Hahnweide bei Kirchheim/Teck, Hornberg auf dem Kalten Feld, Klippeneck bei Spaichingen.

Klettern: Das Klettern an den Felsen auf der Alb unterliegt den Kletterregelungen der entsprechenden Landratsämter. Eine Liste der rund 50 Felsen, auf denen Klettern erlaubt ist, wird vom Landesverband Baden-Württemberg des Deutschen Alpenvereins herausgegeben (http://iseran.ira.uka.de/~vcg/DAV/Felsliste-BW/Alb.html).

Reger Flugbetrieb herrscht an einem schönen Sonntag auf dem Segelfluggelände Hahnweide unterhalb der Burg Teck.

Informationen auch bei der Interessengemeinschaft Klettern-Alb (www.ig-klettern-alb.de) und im Kletterführer Alb aus dem Panico-Alpinverlag.

Weitere Informationen zu diesen Sportarten in der Broschüre »Die ganz natürliche Erholung« von der Touristik-Gemeinschaft Schwäbische Alb (→ **Auskunft**).

URLAUB AUF DEM LAND

Auskunft über Ferienwohnungen und Zimmer in Dörfern und auf Bauernhöfen bei:

Anbietergemeinschaft »Urlaub auf dem Bauernhof«
Im Schloss, 73479 Ellwangen
Tel. 0 79 61/905 90

»Urlaub auf dem Bauernhof«
Kontaktstelle: Monika Eberhardt
Am Ehestetter Weg 1, 72534 Hayingen
Tel. 0 73 86/13 70
Internet www.ferienring-schwaebischealb.de

Arbeitsgemeinschaft »Ferien auf dem Lande im Lk Sigmaringen«
Landratsamt Sigmaringen
Leopoldstr. 4, 72488 Sigmaringen
Tel. 07571/1025012, Fax 1025199

Bei Ferien auf dem Lande kommt man mit Tieren in Kontakt.

VERANSTALTUNGEN

Kinderfeste: Werden seit Jahrhunderten gefeiert, meist zwischen Mai und Beginn der Sommerferien, u. a. in Blaubeuren, Bopfingen, Giengen an der Brenz, Göppingen, Nürtingen und Nattheim. Festumzug der Schüler und Spiele auf dem Festgelände; meistens mit Rahmenprogramm wie Gottesdienst, Konzert oder Ball; außerdem ein Vergnügungspark.

Höhlenfeste: Im 19. Jh. wurden manche Höhlen einmal pro Jahr beleuchtet und die Besucher vor der Höhle bewirtet. Dieser Brauch wird fortgesetzt an Christi Himmelfahrt an der Olgahöhle in Mössingen, der Felsenhöhle in Mühlheim/Donau und der Bärenhöhle; an Pfingsten an der Nebelhöhle in Sonnenbühl und der Sontheimer Höhle in Heroldstatt-Sontheim; Anfang Juli am Hohlenfels in Schelklingen.

Feste mit historischem Hintergrund: Schwörmontag in Ulm (vorletzter Montag im Juli) mit Rede des Bürgermeisters, feuchtfröhlichem Umzug auf der Donau (»Nabada«) und Volksfest in der Friedrichsau; **Ulmer Fischerstechen** (alle 4 Jahre im Juli) mit turnierähnlichen Kämpfen der Fischer auf der Donau; **Reichsstädter Tage in Aalen** (Anfang Sept.) mit großem historischem Umzug; Schäferläufe in Bad Urach und Heidenheim (alle zwei Jahre, jeweils in den Jahren mit ungerader Jahreszahl).

Abweisend wirken selbst noch die Reste der einstigen Burg Hohenurach.

Interessante **Musikveranstaltungen** in stimmungsvollem Rahmen, z. B. in der Abtei-Kirche in Neresheim (Orgelkonzerte), im Münster in Zwiefalten (Orgelkonzerte), im Schloss Sigmaringen, im Schlossgarten in Mühlheim/Donau, im Schlosshof in Ellwangen (Klassik), auf Schloss Filseck (Klassik bis Jazz), auf dem Hohenneuffen (Jazz, Folk, → **Tour 19**), auf der Burg Hohenzollern (Jazz), auf Schloss Kapfenburg in Lauchheim, in der Klosteranlage von Obermarchtal, im Residenzschloss in Wiesensteig. Veranstaltungskalender unter www.schwaebische-alb.de

WANDERHEIME

1 Der Schwäbische Albverein besitzt knapp 20 Wanderheime, in denen jedermann übernachten kann. Zur Verfügung stehen Doppel-, Familien- und Mehrbettzimmer sowie in manchen Häusern eine Küche für Selbstversorger. Vorherige Anmeldung beim jeweiligen Betreuer ist notwendig. Auskunft: Schwäbischer Albverein, Hauptgeschäftsstelle, Hospitalstr. 21 B, 70174 Stuttgart, Tel. 07 11/22 58 50, Fax 22 58 592, www.schwaebischeralbverein.de
2 Die Naturfreunde unterhalten auf der Alb etwa 30 Naturfreundehäuser, die auch Nicht-Mitgliedern für Übernachtungen offen stehen. Auskunft: Landesverband Württemberg, Naturfreunde Deutschlands, Neue Str. 150, 70186 Stuttgart
Tel. 0711/48 10 76, www.naturfreunde-wuerttemberg.de

WEITWANDERWEGE

Der Albverein hat zehn Hauptwanderwege markiert: HW 1 und HW 2 verlaufen komplett auf der Schwäbischen Alb, die anderen Hauptwanderwege jedoch nur teilweise.

HW 1: Schwäbischer Alb-Nordrand-Weg
Donauwörth – Tuttlingen; 330 km.
HW 2: Schwäbischer Alb-Südrand-Weg
Donauwörth – Tuttlingen; 260 km.
HW 3: Main-Neckar-Rhein-Weg
Wertheim – Lörrach; 540 km.
HW 4: Main-Donau-Bodensee-Weg
Würzburg – Friedrichshafen; 440 km.
HW 5: Schwarzwald-Schwäbische Alb-Allgäu-Weg
Pforzheim – Schwarzer Grat bei Isny; 290 km.
HW 6: Limes-Wanderweg
Miltenberg/Main – Wilburgstetten; 240 km.
HW 7: Schwäbische Alb-Oberschwaben-Weg
Lorch – Friedrichshafen; 220 km.
HW 9: Heuberg-Allgäu-Weg
Spaichingen – Schwarzer Grat bei Isny; 180 km.
HW 10: Stromberg-Schwäbischer Wald-Weg
Pforzheim – Lorch; 110 km.
Unterkunftslisten beim Albverein (→ **Wanderheime**)

Bestens markiert sind die vom Schwäbischen Albverein angelegten Wanderwege.

Register

SCHWÄBISCHE ALB

TOUREN KARTEN

BRUCKMANN

1 Zum Kloster Beuron im Donautal

Etappen: Fridingen a. d. Donau – Knopfmacherfels – Kloster Beuron – Donauversickerung – Fridingen

 mittel

 16 km

 4 ½ Std.

 ↑ 390 m ↓ 390 m

 ab 10

Ausgangspunkt: Fridingen a. d. Donau.
Endpunkt: Wie Ausgangspunkt.
Wanderkarte: LVA B-W-Freizeitkarte 526 (Sigmaringen), 1 : 50 000.
Markierung: Gelbes Dreieck, rote Gabel, rote Raute, rotes Dreieck.
Verkehrsanbindung: PKW: A 81 Stuttgart–Singen, Ausfahrt Tuningen; B 523 nach Tuttlingen und in Richtung Donautal / Beuron nach Fridingen a. d. Donau; Parkplatz hinter Rathaus / Kirche. **Bahn:** Linien Tuttlingen–Ulm und Tuttlingen–Sigmaringen. **Bus:** Linien

Tuttlingen–Fridingen und Sigmaringen–Fridingen, Haltestelle Bären.
Einkehr: Gaststätten in Fridingen; Berghaus Knopfmacher (kein Ruhetag); Gaststätten in Beuron; Gaststätte Jägerhaus (Ruhetag Di); Gaststätte Ziegelhütte (Mai–Okt., kein Ruhetag).
Unterkunft: In Fridingen u. a. Landhaus Donautal (Tel. 07463/4 69).
Tourist-Info: Rathaus, 78565 Fridingen a. d. D., Tel. 07463/8 37-0, Fax 8 37 50, Internet www.donau-heuberg.de

2 Vom Kloster Beuron nach Thiergarten

Etappen: Kloster Beuron – Eichfels – Schloss Werenwag – Schaufels – Thiergarten

anspr.

21 km

🧭 6 ¼ Std.

↑ 780 m
↓ 800 m

Ausgangspunkt: Kloster Beuron im Ober. Donautal.
Endpunkt: Thiergarten, Ortsteil der Gemeinde Beuron.
Wanderkarte: LVA B-W-Freizeitkarte 526 (Sigmaringen), 1 : 50 000.
Markierung: Rote Raute, rote Gabel, rotes Dreieck.
Verkehrsanbindung: PKW: A 81 Stuttgart–Singen, Ausfahrt Tuningen; B 523 bis Tuttlingen und auf Landstraße über Kloster Beuron nach Thiergarten; Parkplatz am Ortsende an der Donau.
Bus: Thiergarten–Kloster Beuron (Linie Sigmaringen–Tuttlingen) mehrmals täglich; Info-Tel. 07461/9 26-5 65.

Bahn: »Naturpark-Express« Immendingen–Sigmaringen mit Halt an sämtlichen Stationen: 1. Mai–ca. 20. Okt. nur Sa, So und feiertags; Info-Tel. 07466/92 80-14 oder Auskunft am Bhf. Beuron.
Einkehr: Gaststätten bei Kloster Beuron; AV-Wanderheim Rauher Stein (Ruhetag Di); Naturfreundehaus Donautal bei den Steighöfen (März–Nov. Sa und So); Berghaus Bauer in Thiergarten.
Unterkunft: Beim Kloster Beuron Hotel Pelikan (Tel. 07466/4 06); Thiergarten: Berghaus Bauer (Tel. 07570 / 95 15 62)
Tourist-Info: Rathaus, 88631 Beuron, Tel. 07579/921 00, Fax 07579/92 10 25, www.beuron.de.

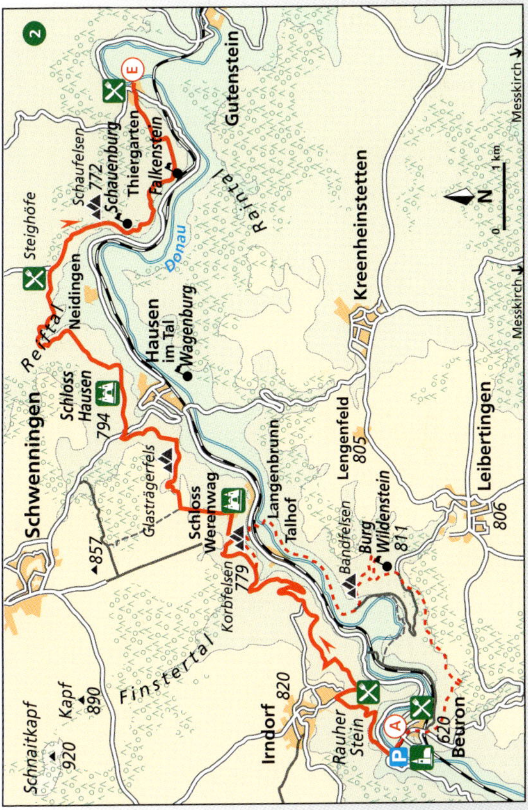

Wandern kompakt SCHWÄBISCHE ALB
Bruckmann

3 Auf den Dreifaltigkeitsberg

Etappen: Spaichingen – Dreifaltigkeitsberg – Segelfluggelände Klippeneck – Spaichingen

Wandern kompakt SCHWÄBISCHE ALB
Bruckmann

mittel

11 km

3 Std.

↑ 430 m
↓ 430 m

ab 10

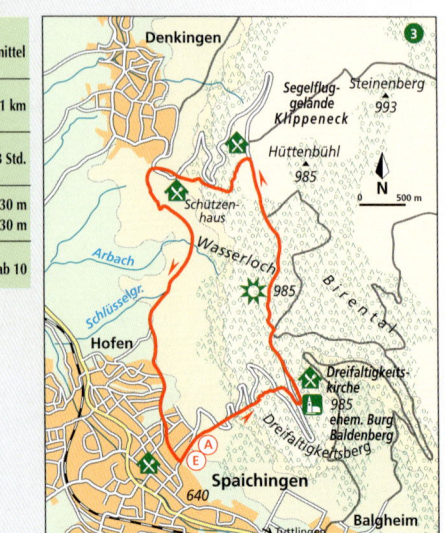

Ausgangspunkt: Spaichingen, Kleinstadt am Fuß der Südwestalb.
Endpunkt: Spaichingen.
Wanderkarte: LVA B-W-Freizeitkarte 526 (Sigmaringen), 1 : 50 000.
Markierung: Roter Balken, rotes Dreieck, blaues Dreieck, blaue Gabel.
Verkehrsanbindung: PKW: A 81 Stuttgart–Singen, Ausfahrt Rottweil; B 14 nach Spaichingen; in der Stadt links abbiegen in die Dreifaltigkeitsbergstraße; gute Parkmöglichkeiten an der Straße.
Bahn: Spaichingen ist Station an der Bahnlinie Stuttgart–Singen.
Einkehr: Gaststätte Dreifaltigkeitsberg (Ruhetag Di); Höhenrestaurant Klippeneck (Ruhetag Mo); Denkinger Schützenhaus (Ruhetag Mi).
Unterkunft: In Spaichingen u. a. Hotel Engel (Tel. 07424/42 73).
Tourist-Info: Stadtverwaltung, Marktplatz 19, 78549 Spaichingen, Tel. 07424/95 71-1 01, Fax 95 71-19, Internet www.spaichingen.de

---

4 In den Balinger Bergen

Etappen: Tieringen – Hülenbuchwiesen – Lochenstein – Schafberg – Hausen a. T. – Tieringen

Wandern kompakt SCHWÄBISCHE ALB
Bruckmann

anspr.

15 km

4 ½ Std.

↑ 520 m
↓ 520 m

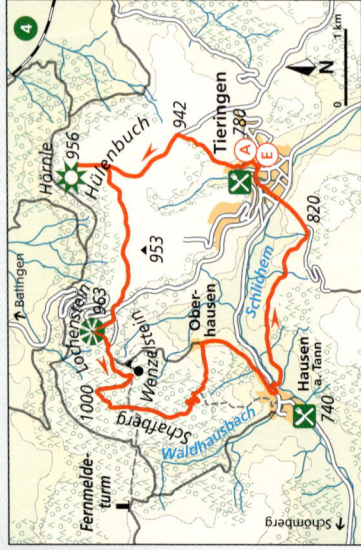

Ausgangspunkt: Tieringen, Ortsteil von Meßstetten (Zollernalbkreis).
Endpunkt: Tieringen.
Wanderkarte: LVA B-W-Freizeitkarte 526 (Sigmaringen), 1 : 50 000.
Markierung: Rote Raute, rotes Dreieck, rote Raute.
Verkehrsanbindung: PKW: A 81 Stuttgart–Singen, Ausfahrt Oberndorf; über Rosenfeld nach Balingen; B 463 nach Laufen a. d. Eyach, im Ort rechts abbiegen nach Tieringen; kleiner Parkplatz in der Neue Straße unterhalb der Kirche.
Bus: Linie Balingen–Ebingen, mehrmals täglich; in Tieringen Haltestelle Balinger Straße.
Einkehr: Gaststätten in Tieringen; Gaststätte in Hausen.
Unterkunft: In Tieringen Motel am Tor (Tel. 07436/3 11); am Lochenstein die JH Lochen (Tel. 07433/3 73 83) und das kleine Albvereins-Wanderheim Lochenhütte (Tel. 07433/159 64).
Tourist-Info: Stadtverwaltung, 72469 Meßstetten, Tel. 07431/63 49-0, Fax 07431/6 20 43, Internet www.messstetten.de

5 Vom Eyachtal nach Hossingen

Etappen: Laufen a. d. Eyach – Gräbelesberg – Hossingen – Hossinger Leiter – Laufen

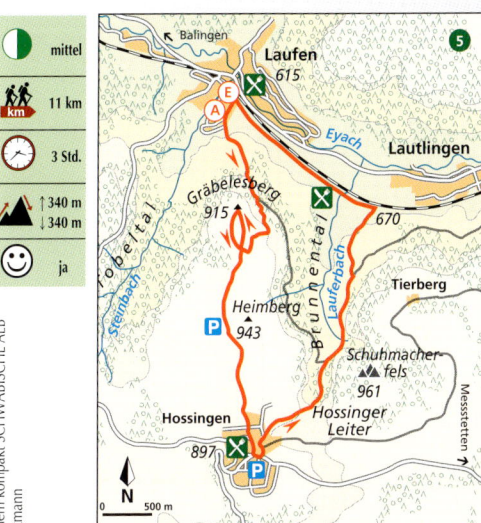

mittel

11 km

3 Std.

↑ 340 m
↓ 340 m

ja

Wandern kompakt SCHWÄBISCHE ALB
Bruckmann

Ausgangspunkt: Laufen a. d. Eyach, Ortsteil von Albstadt.
Endpunkt: Laufen.
Wanderkarte: LVA B-W-Freizeitkarte 526 (Sigmaringen), 1 : 50 000.
Markierung: Rote Raute, roter Winkel, rote Raute.
Verkehrsanbindung: PKW: A 81 Stuttgart–Singen, Ausfahrt Oberndorf; über Rosenfeld nach Balingen und B 463 in Richtung Albstadt bis Laufen; rechts abbiegen in Richtung Hossingen, Bahngleise überqueren und sofort links in die Steinstraße; gute Parkmöglichkeiten an der Straße nahe der Bahn-Haltestelle.
Bahn: Linie Balingen – Albstadt, täglich mehrmals; Haltestelle Albstadt-Laufen Ort.
Einkehr: Gaststätten in Laufen und in Hossingen; Gasthaus Brunnental (Ruhetag Mo).
Unterkunft: In Laufen u. a. Hotel Schalksburg (Tel. 07435/8 91 89).
Tourist-Info: Marktstr. 35, 72458 Alb-stadt,
Tel. 07431/160 12 04, Fax 160 12 27, Internet www.albstadt.de

6 Vom Eyachtal hinauf nach Burgfelden

Etappen: Laufen a. d. Eyach – Burgfelden – Burgruine Schalksburg – Laufen

mittel

10 km

3 Std.

↑ 360 m
↓ 360 m

ja

Wandern kompakt SCHWÄBISCHE ALB
Bruckmann

Ausgangspunkt: Laufen an der Eyach, Ortsteil von Albstadt.
Endpunkt: Laufen a. d. Eyach.
Wanderkarte: LVA B-W-Freizeitkarte 526 (Sigmaringen), 1 : 50 000.
Markierung: Rote Raute, roter Winkel, rotes Dreieck.
Verkehrsanbindung: PKW: A 81 Stuttgart–Singen, Ausfahrt Oberndorf; über Rosenfeld nach Balingen und B 463 in Richtung Albstadt bis Laufen a. d. Eyach; unmittelbar vor der Kirche links in die Steinbergstraße abbiegen und am Ortsrand geradeaus 200 m zu Wanderparkplatz.
Bahn: Balingen–Albstadt, mehrmals täglich, Haltestelle Albstadt-Laufen Ort.
Einkehr: In Laufen mehrere Gaststätten; in Burgfelden Landhaus Post (Ruhetag Mo).
Unterkunft: In Laufen u. a. Hotel Schalksburg (Tel. 07435/8 91 89)
Tourist-Info: Marktstr. 35, 72458 Albstadt,
Tel. 07431/160 12 04, Fax 160 12 27, Internet www.albstadt.de

7   Zur Burg Hohenzollern

Etappen: Nägelehaus am Raichberg – Zeller Horn – Burg Hohenzollern – Nägelehaus

mittel

10,5 km

3 Std.

↑ 480 m
↓ 480 m

ab 10

Wandern kompakt SCHWÄBISCHE ALB
Bruckmann

Ausgangspunkt: Albvereins-Wanderheim Nägelehaus bei Albstadt-Onstmettingen.
Endpunkt: Nägelehaus.
Wanderkarte: LVA B-W-Freizeitkarte 523 (Tübingen), 1 : 50 000.
Markierung: Rote Gabel, roter Balken.
Verkehrsanbindung: PKW: A 8 Stuttgart–München, Ausfahrt Degerloch; B 27 über Tübingen und Hechingen nach Bisingen, abbiegen nach Onstmettingen; im Ort der Ausschilderung »Nägelehaus / Raichberg« folgen; mehrere Parkplätze auf dem Raichberg.
Einkehr: Albvereins-Wanderheim Nägelehaus (Ruhetag Mo Nachmittag und Di). Restaurant in Burg Hohenzollern; Gaststätte Zollersteighof (Ruhetag Mo, Fr, sonst ab 14 Uhr, So ab 10 Uhr).
Unterkunft: Albvereins-Wanderheim Nägelehaus (Tel. 07432/217 15).
Tourist-Info: Rathaus, 72458 Albstadt, Tel. 07431/160 12 04, Fax 160 12 27 Internet www.albstadt.de

8   Aussichtsturm auf dem Augstberg

Etappen: Mägerkingen – Augstberg (849 m) – Trochtelfingen – Mägerkingen

mittel

15 km

4 ½ Std.

↑ 250 m
↓ 250 m

ja

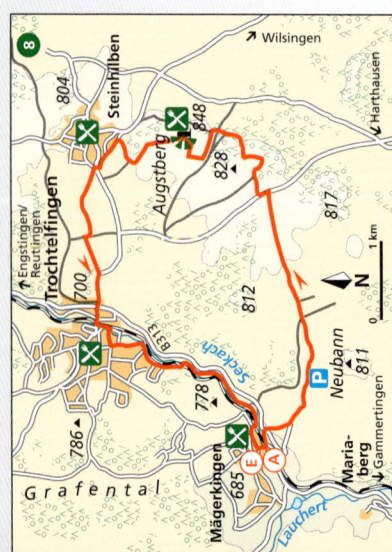

Wandern kompakt SCHWÄBISCHE ALB
Bruckmann

Ausgangspunkt: Mägerkingen, an der Einmündung der Seckach in die Lauchert.
Endpunkt: Mägerkingen.
Wanderkarte: LVA B-W-Freizeitkarte 523 (Tübingen), 1 : 50 000.
Markierung: Nahezu durchgehend gelbes Dreieck.
Verkehrsanbindung: Pkw: Von Reutlingen B 312 nach Großengstingen und B 313 nach Mägerkingen; Parkplatz gegenüber der Kirche. **Bahn:** Rad-Wander-Shuttles Tübingen–Gammertingen–Kleinengstingen und Sigmaringen–Gammertingen–Kleinengstingen, nur 1. Mai–20. Okt. an Sonn- und Feiertagen; nur eine Fahrt vormittags, Rückfahrt spät nachmittags (Info: Hohenzollerische Landesbahn, Tel. 07471 / 18 06-0, Fax 18 06-12).
Bus: Reutlingen–Gammertingen, in Mägerkingen Haltestelle Kirche.
Einkehr: Am Augstbergturm ein Albvereinsheim (nur So geöffnet); Gaststätten in Mägerkingen, Steinhilben und Trochtelfingen.
Unterkunft: In Mägerkingen Gasthaus Hirsch, Tel. 07124/21 35.
Tourist-Info: Rathausplatz 9, 72818 Trochtelfingen, Tel. 07124/48-0, Fax 48-48, Internet www.trochtelfingen.de

9 Von Zwiefalten zur Wimsener Höhle

Etappen: Zwiefalten – Hayingen – Glastal – Wimsener Höhle – Gossenzugen – Zwiefalten

mittel
18 km
5 Std.
↑250 m ↓250 m
ja

Ausgangspunkt: Zwiefalten am Südrand der Schwäbischen Alb.
Endpunkt: Zwiefalten.
Wanderkarte: LVA B-W-Freizeitkarte 524 (Bad Urach), 1 : 50 000.
Markierung: Rote Gabel, rote Raute, rotes Dreieck.
Verkehrsanbindung: PKW: A 8 Stuttgart–München, Ausfahrt Ulm-West; nach Ulm, B 311 in Richtung Riedlingen nach Zwiefaltendorf und abbiegen nach Zwiefalten; im Ort Parkplatz Dobeltal.
Bus: Linie Reutlingen–Hayingen–Zwiefalten.
Einkehr: Gaststätten in Zwiefalten, Hayingen, an der Wimsener Höhle (April–Okt. tägl. geöffnet); am Ortsrand von Zwiefalten Fischerei Lohmiller mit Gartenwirtschaft (April-Okt. tägl.).
Unterkunft: In Zwiefalten u. a. Gasthof Post (Tel. 07373/3 02).
Tourist-Info: Bürgermeisteramt, Marktplatz 3, 88529 Zwiefalten, Tel. 07373/2 05 20, Fax 2 05 55, Internet www.zwiefalten.de

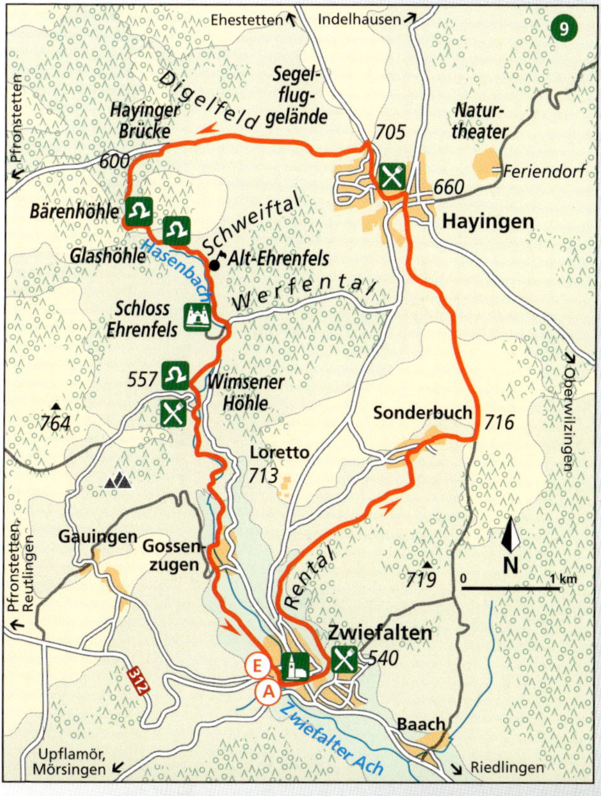

10 Großes Lautertal und Wolfstal

Etappen: Erbstetten – Burgruine Wartstein – Laufenmühle – Wolfstal – Erbstetten

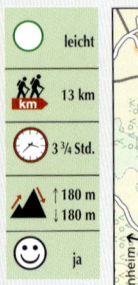

- leicht
- 13 km
- 3 ¾ Std.
- ↑ 180 m ↓ 180 m
- ja

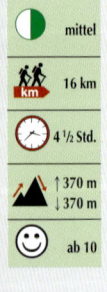

Wandern kompakt SCHWÄBISCHE ALB
Bruckmann

Ausgangspunkt: Erbstetten, Ortsteil von Ehingen.
Endpunkt: Erbstetten.
Wanderkarte: LVA B-W-Freizeitkarte 524 (Bad Urach), 1 : 50 000.
Markierung: Rotes Dreieck, roter Balken, blaues Dreieck.
Verkehrsanbindung: PKW: A 8 Stuttgart–München, Ausfahrt Ulm-West; B 10 nach Ulm, B 311 nach Ehingen, B 465 in Richtung Münsingen und hinter Alt-Steußlingen abbiegen nach Erbstetten; Parkplatz bei der Kirche.
Bus: Verbindung ab Munderkingen, in Erbstetten Haltestelle Rathaus.
Einkehr: Laufenmühle (Ruhetag Mo); Gaststätten in Erbstetten.
Unterkunft: In Erbstetten Gasthof Löwen (Tel. 07386/3 97).
Tourist-Info: Marktplatz 1, 89584 Ehingen (Donau), Tel. 07391/5 03-0, Fax 5 03-2 22, Internet www.ehingen.de.

---

11 Von Hayingen in das Große Lautertal

Etappen: Hayingen – Burg Derneck – Indelhausen – Anhausen – Gerberhöhlen – Hayingen

- mittel
- 16 km
- 4 ½ Std.
- ↑ 370 m ↓ 370 m
- ab 10

Wandern kompakt SCHWÄBISCHE ALB
Bruckmann

Ausgangspunkt: Luftkurort Hayingen.
Endpunkt: Hayingen.
Wanderkarte: LVA B-W-Freizeitkarte 524 (Bad Urach), 1 : 50 000.
Markierung: Rotes Dreieck, gelbe Raute, roter Balken, gelbe Gabel; einzelne Abschnitte ohne Markierung.
Verkehrsanbindung: PKW: A 8 Stuttgart–München, Ausfahrt Ulm-West; B 311 in Richtung Riedlingen nach Zwiefalten und abbiegen nach Hayingen; Parkplatz in der Ortsmitte nahe der Kirche hinter Gasthaus Löwen. **Bus:** Linie Riedlingen-Bad Urach; in Hayingen Haltestelle Zwiefalter Straße.
Einkehr: Gaststätten in Hayingen, Münzdorf, Indelhausen und Anhausen; Schänke in Burg Derneck (Mitte März–Mitte Nov. Sa ab 14 Uhr, sonn- und feiertags sowie an allen Ferientagen durchgehend).
Unterkunft: In Hayingen u. a. Gasthof Adler (Tel. 07386/7 18). Albvereins-Wanderheim Burg Derneck (Voranmeldung Tel. 07383/12 97 oder 07386/2 17).
Tourist-Info: Kirchstr. 15, 72534 Hayingen, Tel. 07386/97 77 23, Fax 97 77 33, Internet www.hayingen.de

12 Von Hundersingen nach Gundelfingen

Etappen: Hundersingen – Wittsteig – Hohengundelfingen – Bichishausen – Hundersingen

mittel

12 km

3 ½ Std.

↑ 290 m
↓ 290 m

ja

Ausgangspunkt: Hundersingen im Tal der Großen Lauter.
Endpunkt: Hundersingen.
Wanderkarte: LVA B-W-Freizeitkarte 524 (Bad Urach), 1 : 50 000.
Markierung: Gelbes Dreieck, roter Balken, gelbe Raute; ein kurzer Abschnitt ohne Markierung.
Verkehrsanbindung: PKW: Von Reutlingen B 312 in Richtung Sigmaringen/ Zwiefalten; bei Engstingen abbiegen in Richtung Münsingen, in Gomadingen abbiegen nach Marbach / Großes Lautertal; am Ortsbeginn

Hundersingen rechts abbiegen zum kleinen Parkplatz Waschhäusle. **Bus:** Lauertal-Freizeit-Bus Zwiefalten–Münsingen (nur sonn- und feiertags), in Hundersingen Haltestelle Rathaus.
Einkehr: Gaststätten in Hundersingen, Wittsteig und Bichishausen; in Bichishausen ein Kiosk mit Biergarten am Bootsverleih.
Unterkunft: In Hundersingen Gasthof Rössle (Tel. 07383/3 89).
Tourist-Info: Rathaus, 72525 Münsingen, Tel. 07381/1 82-1 45, Internet www.muensingen.de

Das große Lautertal

13 Zum Landesgestüt Marbach

Etappen: Gomadingen – Marbach – Sternberg – Offenhausen – Gomadingen

mittel

11 km

3 Std.

↑ 410 m
↓ 410 m

ab 10

Ausgangspunkt: Gomadingen im Großen Lautertal.
Endpunkt: Gomadingen.
Wanderkarte: LVA B-W-Freizeitkarte 524 (Bad Urach), 1 : 50 000.
Markierung: Gelbe Raute, gelbe Gabel, gelbes Dreieck, roter Balken, gelbe Raute; zwei Streckenabschnitte ohne Markierung.
Verkehrsanbindung: PKW: Von Reutlingen B 312 in Richtung Sigmaringen / Zwiefalten und bei Engstingen abbiegen in Richtung Münsingen; in Gomadingen ein

Parkplatz hinter dem Rathaus. **Bus:** Linie Reutlingen–Münsingen, in Gomadingen Haltestelle Rathaus.
Einkehr: Gaststätten in Gomadingen, Marbach und Offenhausen; AV-Wanderheim auf dem Sternberg (geöffnet Sa ab 14 Uhr, Sonn- und Feiertag bis 17 Uhr).
Unterkunft: In Gomadingen u. a. Gasthaus Zum Lamm (Tel. 07385/9 61 50).
Tourist-Info: Marktplatz 2, 72532 Gomadingen, Tel. 07385/96 96 33, Fax 96 96 22, www.gomadingen.de

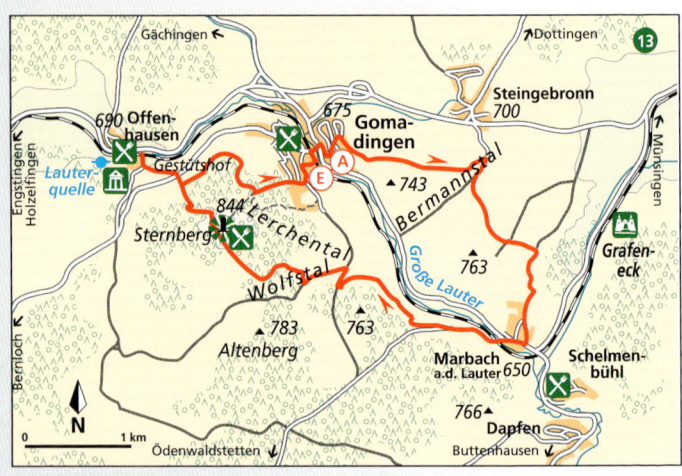

Eine Koppel des Landesgestüts Marbach

Wandern kompakt SCHWÄBISCHE ALB
Bruckmann

14 Zum Schloss Lichtenstein

Etappen: Lichtenstein-Unterhausen – Nebelhöhle – Schloss Lichtenstein – Honau – Unterhausen

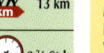

mittel

13 km

3 ¾ Std.

↑ 360 m
↓ 360 m

ab 10

Ausgangspunkt: Lichtenstein-Unterhausen im Echaztal.
Endpunkt: Unterhausen.
Wanderkarte: LVA B-W-Freizeitkarte 523 (Tübingen), 1 : 50 000.
Markierung: Blaues Dreieck, rotes Dreieck, blaues Dreieck, blaue Raute.
Verkehrsanbindung: PKW: Von Reutlingen B 312 über Pfullingen nach Lichtenstein-Unterhausen; Parkplatz an der Durchgangsstraße bei Gasthaus Stern. **Bahn:** Stuttgart–Tübingen bis Reutlingen und **Buslinie** Reutlingen– Münsingen, in Unterhausen Haltestelle Ludwigstr. (Gasthof Stern).

Einkehr: Gaststätten in Unterhausen und Honau; Gasthaus an der Nebelhöhle (April–Okt. tägl., März und Nov. Sa/So); Kalkofenhütte (Mo–Fr ab 13, Sa/So ab 9 Uhr); Gaststätte Altes Forsthaus bei Schloss Lichtenstein(April– Okt. Mi–So 12–18 Uhr, sonst sonn- und feiertags 12–18 Uhr).
Unterkunft: In Unterhausen Gästehaus Krone (Tel. 07129/9 25 99-0).
Tourist-Info: Gemeindeverwaltung, 72805 Lichtenstein, Tel. 07129/6 9611, Fax 63 89, Internet www.gemeinde-lichtenstein.de.

Schloss Lichtenstein an der Kante des Echaztals

15 Zum Aussichtsturm auf dem Roßberg

Etappen: Schützenhaus bei Gönningen – Roßberg (869 m) – Jägerweg – Schützenhaus

mittel

4,5 km

1 ¾ Std.

↑ 280 m
↓ 280 m

ja

Ausgangspunkt: Gönningen, Ortsteil von Reutlingen im Tal der Wiesaz.
Endpunkt: Gönningen.
Wanderkarte: LVA B-W-Freizeitkarte 523 (Tübingen), 1 : 50 000.
Markierung: Blaues Dreieck, blaue Gabel, blaue Raute.
Verkehrsanbindung: PKW: Von Reutlingen auf Landstraße nach Gönningen; in der Ortsmitte Gönningen am Rathaus rechts abbiegen in die ansteigende Roßbergstraße, am Ortsende nach links zu ausgeschildertem Wanderparkplatz.
Bahn: Stuttgart–Tübingen bis Reutlingen; **Bus:** Linie Reutlingen–Gomaringen, in Gönningen Haltestelle Rathaus.
Einkehr: Albvereins-Wanderheim Roßberg (Ruhetag Mo Nachmittag und Di).
Unterkunft: In Bronnweiler, einem Nachbarort von Gönningen) Gasthaus Rose (Tel. 07072/25 97); Albvereins-Wanderheim Rossberg (Tel. 07072/ 70 07).
Tourist-Info: 72764 Reutlingen, Tel. 07121/3 03-26 22, Fax 33 95 90, Internet www.reutlingen.de

16 Das Seeburger Tal

Etappen: Parkplatz im Seeburger Tal – Wittlingen – Seeburg – Burgruine Hohenwittlingen – Schillerhöhle – Parkplatz

mittel

11 km

3 ¾ Std.

↑ 340 m
↓ 340 m

ab 10

Ausgangspunkt: Kleiner Parkplatz im Seeburger Tal an der B 465 Bad Urach-Münsingen.
Endpunkt: Wie Ausgangspunkt.
Wanderkarte: LVA B-W-Freizeitkarte 524 (Bad Urach), 1 : 50 000.
Markierung: Gelbe Raute, gelbes Dreieck, gelbe Gabel.
Verkehrsanbindung: PKW: A 8 Stuttgart–München, Ausfahrt Wendlingen; B 313 über Nürtingen nach Metzingen, B 28 nach Bad Urach und B 465 in Richtung Münsingen; 2 km hinter Bad Urach, 50 m nach der Linksabzweigung nach Wittlingen, Parkmöglichkeit für 5–6 Pkw.
Bahn: Stuttgart–Tübingen bis Metzingen und umsteigen in die Ermstalbahn nach Bad Urach; **Bus:** Münsingen–Münsingen, Haltestelle Hohenwittlingen.
Einkehr: Gaststätten in Wittlingen; Gaststätten in Seeburg, u. a. Gaststätte Lamm (Ruhetag Mo) und Café Schlössle (Ruhetag Mo).
Unterkunft: In Bad Urach mehrere Hotels und Gasthöfe; JH Bad Urach (Tel. 07125/80 25).
Tourist-Info: Bei den Thermen 4, 72574 Bad Urach, Tel. 07125/94 32-0, Fax 94 32-22, Internet www.bad-urach.de

17 Auf der Uracher Alb

Etappen: Parkplatz unterhalb Hohenurach – Gütersteiner und Uracher Wasserfall – Burgruine Hohenurach – Parkplatz

mittel

10 km

3 ½ Std.

↑490 m
↓490 m

ab 10

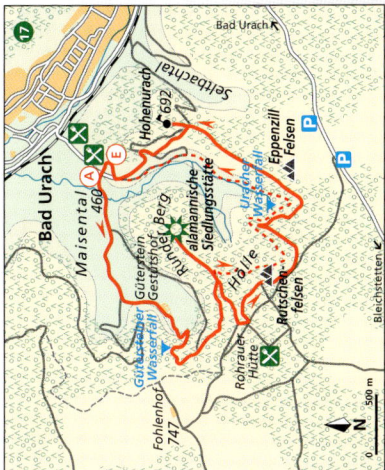

Wandern kompakt SCHWÄBISCHE ALB
Bruckmann

Ausgangspunkt: Parkplatz unterhalb Ruine Hohenurach; bei Bad Urach, Heilbad und Luftkurort im Ermstal.
Endpunkt: Wie Ausgangspunkt.
Wanderkarte: LVA B-W-Freizeitkarte 524 (Bad Urach), 1 : 50 000.
Markierung: Blaues Dreieck, rote Gabel, rotes Dreieck, rote Gabel.
Verkehrsanbindung: PKW: A 8 Stuttgart–München, Ausfahrt Wendlingen; B 313 über Nürtingen nach Metzingen, B 28 nach Bad Urach; an der ersten ampelkreuzung am Stadtrand rechts abbiegen zum Parkplatz »Wasserfall«. **Bahn:** Linie Stuttgart–Tübingen bis Metzingen, umsteigen in die Ermstalbahn; Haltestelle Bad Urach-Wasserfall.
Einkehr: Maisentalstüble am Parkplatz »Wasserfall«; Naturfreundehaus Rohrauer Hütte (kurzer Abstecher; Sa, So und feiertags geöffnet); Kiosk am Kopf des Wasserfalls (nur im Sommer).
Unterkunft: In Bad Urach mehrere Hotels und Gasthöfe. JH Bad Urach (Tel. 07125/80 25).
Tourist-Info: Bei den Thermen 4, 72574 Bad Urach, Tel. 07125/94 32-0, Fax 94 32-22, www.bad-urach.de

---

18 Beim Gestütshof St. Johann

Etappen: Gestütshof St. Johann – Aussichtsturm Hohe Warte – Höllenlöcher – Gestütshof St. Johann

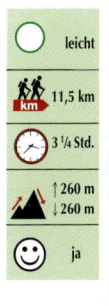

leicht

11,5 km

3 ¼ Std.

↑260 m
↓260 m

ja

Wandern kompakt SCHWÄBISCHE ALB
Bruckmann

Ausgangspunkt: Gestütshof St. Johann.
Endpunkt: Wie Ausgangspunkt.
Wanderkarte: LVA B-W-Freizeitkarte 524 (Bad Urach), 1 : 50 000.
Markierung: Rotes Dreieck, rote Raute, rote Gabel.
Verkehrsanbindung: PKW: A 8, Stuttgart–München, Ausfahrt Wendlingen; B 313 nach Metzingen, B 28 nach Bad Urach, B 465 in Richtung Münsingen; am Ortsende von Bad Urach rechts abbiegen und über Würtingen zu Parkplatz am Gestütshof St. Johann.
Einkehr: Gestütsgasthof St. Johann (Nov.–April, Ruhetag Mo).
Unterkunft: Gestütsgasthof St. Johann (Tel. 07122/92 96).
Tourist-Info: Rathaus, 72813 St. Johann-Würtingen, Tel. 07122/82 99-0, Fax 82 99 33, Internet www.st-johann.de

19 Zur Burgruine Hohenneuffen

Etappen: Parkplatz bei Kohlberg – Jusi – Hörnle – Burgruine Hohenneuffen – Neuffen

mittel

12 km

4 ¼ Std.

↑ 460 m
↓ 540 m

ab 10

Ausgangspunkt: Wanderparkplatz »Raupental« am Fuß des Jusi.
Endpunkt: Neuffen.
Wanderkarte: LVA B-W-Freizeitkarte 524 (Bad Urach), 1 : 50 000.
Markierung: Blaues Dreieck, rotes Dreieck, blaues Dreieck.
Verkehrsanbindung: Pkw: A 8, Stuttgart–München, Ausfahrt Wendlingen;
B 313 über Nürtingen nach Metzingen; Landstraße in Richtung Neuffen zu einem Wanderparkplatz 200 m vor dem Ortsbeginn Kohlberg. **Bahn:** Linie

Stuttgart–Tübingen bis Metzingen. **Bus:** Linie Metzingen–Neuffen, am Ortsbeginn von Kohlberg Haltestelle Goethestraße. **Rückfahrt:** Mit Buslinie Neuffen–Metzingen nach Kohlberg.
Einkehr: In der Burgruine Hohenneuffen ein Kiosk (1. April–31. Okt. tägl.) und Restaurant (ganzjährig Mi–So); Gaststätten in Neuffen und Kohlberg.
Unterkunft: Mehrere Gasthöfe in Metzingen und Neuffen.
Tourist-Info: Verkehrsverein Teck-Neuffen, Max-Eyth-Str. 15, 73230 Kirchheim/Teck, Tel. 07021/30 27, Fax 48 05 38, www.albtrauf.de

20 Auf der Grabenstettener Berghalbinsel

Etappen: Pfäler Tal – Falkensteiner Höhle – Heidengraben – Ruine Hofen – Grabenstetten – Pfäler Tal

mittel

13 km

3 ½ Std.

↑ 240 m
↓ 240 m

ja

Ausgangspunkt: Wanderparkplatz im Pfäler Tal bei Bad Urach.
Endpunkt: Wie Ausgangspunkt.
Wanderkarte: LVA B-W-Freizeitkarte 524 (Bad Urach), 1 : 50 000.
Markierung: Rote Gabel, rote Raute; einzelne Abschnitte ohne Markierung bzw. mit Täfelchen (keltischer Radnabenstift) eines archäologischen Lehrpfads.
Verkehrsanbindung: PKW: A 8 Stuttgart–München, Ausfahrt Wendlingen; B 313 nach Metzingen; B 28 nach Bad Urach und in Richtung Ulm; links abbiegen in Richtung Grabenstetten; nach 1,5 km Wanderparkplatz »Pfälerbraike«.
Unterkunft: In Bad Urach mehrere Hotels und Gasthöfe. Jugendherberge Bad Urach (Tel. 07125/80 25).
Einkehr: Gaststätten in Grabenstetten; Gaststätte Pfälhof.
Tourist-Info: Bei den Thermen 4, 72574 Bad Urach, Tel. 07125/94 32-0, Internet www.bad-urach.de

21 Zur Burg Teck

Etappen: Bissingen – Breitenstein – Burgruine Rauber – Burg Teck – Bissingen

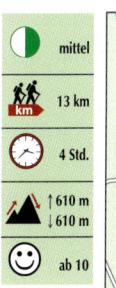

mittel

13 km

4 Std.

↑ 610 m ↓ 610 m

ab 10

Ausgangspunkt: Bissingen an der Teck.
Endpunkt: Wie Ausgangspunkt.
Wanderkarte: LVA B-W-Freizeitkarte 524 (Bad Urach), 1 : 50 000.
Markierung: Blaues Dreieck, rotes Dreieck, rote Raute, rotes Dreieck, blaues Dreieck.
Verkehrsanbindung: PKW: A 8 Stuttgart–München, Ausfahrt Kirchheim/Teck-Ost; B 465 in Richtung Ulm bis Dettingen/Teck, abbiegen nach Bissingen/Teck; geradeaus durch den Ort zum Parkplatz »Am See«. **Bus:** Kirchheim-Bissingen, Haltestelle Rathaus.
Einkehr: Gaststätten in Bissingen; Burggaststätte Teck (Ruhetag Mo ab 14 Uhr und Di).
Unterkunft: Albvereins-Wanderheim Burg Teck (Tel. 07021/5 52 08).
Tourist-Info: Verkehrsverein Teck-Neufen, Max-Eyth-Str. 15, 73230 Kirchheim/ Teck, Tel. 07021/30 27, Fax 48 05 38 Internet www. albtrauf.de

Wandern kompakt SCHWÄBISCHE ALB
Bruckmann

---

22 Von Hepsisau zum Randecker Maar

Etappen: Hepsisau – Neidlingen – Ruine Reußenstein – Randecker Maar – Hepsisau

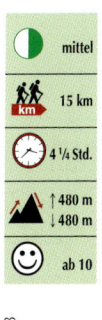

mittel

15 km

4 ¼ Std.

↑ 480 m ↓ 480 m

ab 10

Ausgangspunkt: Hepsisau, Ortsteil von Weilheim/Teck.
Endpunkt: Wie Ausgangspunkt.
Wanderkarte: LVA B-W-Freizeitkarte 524 (Bad Urach), 1 : 50 000.
Markierung: Blaues Dreieck, rotes Dreieck, rote Raute, blaues Dreieck; ein kurzer Abschnitt ohne Markierung.
Verkehrsanbindung: PKW: A 8 Stuttgart–München, Ausfahrt Aichelberg; über Weilheim/Teck in Richtung Wiesensteig; 2 km hinter Weilheim rechts abbiegen nach Hepsisau; zwei kleine Parkplätze nahe der Kirche. **Bus:** Kirchheim–Neidlingen, in Hepsisau Haltestelle Rathaus.
Einkehr: Gaststätte Hirsch (Do/Fr ab 16 Uhr, Sa/So ab 9 Uhr geöffnet) und italienisches Restaurant in Hepsisau; Gaststätten in Neidlingen; Vesperwirtschaft Reußenstein (Abstecher, geöffnet sonn- und feiertags zwischen Ostern und Allerheiligen); Otto-Hoffmeister-Haus (Ruhetag Mo/Di).
Unterkunft: In Weilheim/Teck Gasthof Post (Tel. 07023/28 16).
Tourist-Info: Verkehrsverein Teck-Neufen, Max-Eyth-Str. 15, 73230 Kirchheim/Teck, Tel. 07021/30 27, Fax 48 05 38, Internet www.albtrauf.de.

Wandern kompakt SCHWÄBISCHE ALB
Bruckmann

23 Zu den Gutenberger Höhlen

Etappen: Gutenberg – Gutenberger Höhlen – Torfgrube – Bahnhöfle – Harpprechthaus – Gutenberg

mittel

14,5 km

4 Std.

↑ 370 m ↓ 370 m

ab 10

Ausgangspunkt: Gutenberg, Ortsteil von Lenningen.
Endpunkt: Gutenberg.
Wanderkarte: LVA B-W-Freizeitkarte 524 (Bad Urach), 1 : 50 000.
Markierung: Rote Raute, rotes Dreieck, rote Raute, rote Gabel; zwei kurze Abschnitte ohne Markierung.
Verkehrsanbindung: PKW: A 8 Stuttgart–München, Ausfahrt Kirchheim/Teck-Ost; B 465 in Richtung Blaubeuren bis Gutenberg; Parkplatz am Ortsbeginn. **Bus:** Kirchheim– Schopfloch; in Gutenberg Haltestelle Post.
Einkehr: Gaststätten in Gutenberg; Otto-Hoffmeister-Haus (Abstecher; Ruhetag Mo/Di); Harpprechthaus (Ruhetag Mo).
Unterkunft: Alpenvereinshaus Harpprechthaus (Tel. 07026/21 11).
Tourist-Info: Verkehrsverein Teck-Neufen, Max-Eyth-Str. 15, 73230 Kirchheim/Teck, Tel. 07021/30 27, Fax 48 05 38, www.albtrauf.de.

24 Von Wiesensteig zum Reußenstein

Etappen: Wiesensteig – Burgruine Reußenstein – Schertelshöhle – Filsursprung – Wiesensteig

mittel

16 km

4 ½ Std.

↑ 300 m ↓ 300 m

ab 10

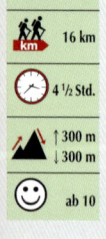

Ausgangspunkt: Wiesensteig im oberen Filstal.
Endpunkt: Wiesensteig.
Wanderkarte: LVA B-W-Freizeitkarte 524 (Bad Urach), 1 : 50 000.
Markierung: Roter Balken, rotes Dreieck, rote Raute, rote Gabel, roter Balken.
Verkehrsanbindung: PKW: A 8 Stuttgart–München, Ausfahrt Mühlhausen; 4 km bis Wiesensteig; kleiner Parkplatz an der Kirche. **Bus:** Verbindungen von Geislingen und von Göppingen, Haltestelle Rathaus.
Einkehr: Gaststätten in Wiesensteig; Gasthof Bläsiberg; Vesperwirtschaft im Hof Reußenstein (nur So und Feiertage zwischen Ostern und Okt.); Rasthaus Schertelshöhle (ganzjährig via So, 15. Mai– 1. Okt. täglich geöffnet).
Unterkunft: In Wiesensteig u. a. Hotel Am Selteltor (Tel. 07335/1 83-0).
Tourist-Info: Stadtverwaltung, 73349 Wiesensteig, Tel. 07335/96 20-0, Fax 96 20-24 Internet www.wiesensteig.de.

25 Im Blaubeurener Tal

Etappen: Blaubeuren – Ruine Rusenschloss – Geißenklösterle – Brillenhöhle – Blaubeuren

mittel

13 km

4 Std.

↑ 480 m
↓ 480 m

ab 10

Ausgangspunkt: Blaubeuren.
Endpunkt: Blaubeuren.
Wanderkarte: LVA B-W-Freizeitkarte 525 (Ulm), 1 : 50 000.
Markierung: Rote Gabel, Täfelchen (eines »Urgeschichtlichen Pfads«) mit Mammut, rotes Dreieck, gelbe Gabel; zwei Abschnitte ohne Markierung.
Verkehrsanbindung: PKW: A 8 Stuttgart–München, Ausfahrt Ulm-West;

B 10 nach Ulm, B 28 nach Blaubeuren; Parkplätze nahe am Kloster. **Bahn:** Linie Ulm–Tuttlingen, Haltestelle Blau-beuren.
Einkehr: In Blaubeuren mehrere Gaststätten; in Weiler der Gasthof Forellenfischer und eine Pizzeria.
Unterkunft: In Blaubeuren mehrere Gasthöfe; Jugendherberge (Tel. 07344/64 44).
Tourist-Info: Aachgasse 7, 89143 Blaubeuren, Tel. 07344/92 10 25, Fax 92 24 34, Internet www.blaubeuren.de

Der Blautopf

26 Durch das Tal der Kleinen Lauter

Etappen: Herrlingen – Weidach – Weidacher Hütte – Lautern – Herrlingen

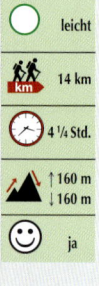

⬤	leicht
🏃 km	14 km
🕐	4 ¼ Std.
⛰	↑ 160 m ↓ 160 m
😊	ja

Wandern kompakt SCHWÄBISCHE ALB
Bruckmann

Ausgangspunkt: Herrlingen, Ortsteil der Gemeinde Blaustein.
Endpunkt: Herrlingen.
Wanderkarte: LVA B-W-Freizeitkarte 525 (Ulm), 1 : 50 000.
Markierung: Rote Raute, rote Gabel; zwei Abschnitte ohne Markierung.
Verkehrsanbindung: PKW: A 8 Stuttgart–München, Ausfahrt Ulm-West; B 10 nach Ulm, B 28 in Richtung Blaubeuren nach Herrlingen; Parkplatz an der Kirche. **Bahn:** Linie Ulm–Tuttlingen, Haltestelle Herrlingen.
Einkehr: In Herrlingen mehrere Gaststätten; in Weidach Gaststätte Post; Albvereins-Wanderheim Weidacher Hütte (1. April–31. Okt. Sa nachmittag, So und feiertags); in Lautern Gasthaus Lamm (Fr, Sa, So ab 11 Uhr) und Landgasthof Krone (Ruhetag Mo).
Unterkunft: In Herrlingen Gasthof Lindenmeir (Tel. 07304/92 13 28).
Tourist-Info: Rathaus, 89134 Blaustein, Tel. 07304/80 20, Fax 8 02 55, Internet www.blaustein.de

27 Auf den Höhen um Geislingen

Etappen: Geislingen/Steige – Himmelfels – Eybach – Felsental – Ruine Helfenstein – Geislingen

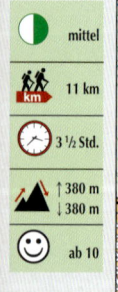

◑	mittel
🏃 km	11 km
🕐	3 ½ Std.
⛰	↑ 380 m ↓ 380 m
😊	ab 10

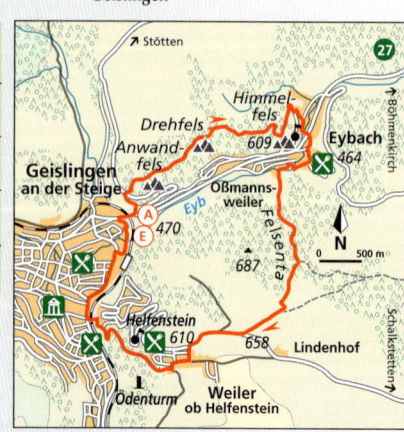

Wandern kompakt SCHWÄBISCHE ALB
Bruckmann

Ausgangspunkt: Geislingen a. d. Steige im Filstal.
Endpunkt: Wie Ausgangspunkt.
Wanderkarte: LVA B-W-Freizeitkarte 525 (Ulm) o. 521 (Göppingen).
Markierung: Rote Raute und rote Gabel.
Verkehrsanbindung: PKW: A 8 Stuttgart–München, Ausfahrt Mühlhausen; B 466 nach Geislingen; in Richtung Heidenheim und am Stadtrand kurz nach Bahnbrücke links zu großem Parkplatz. **Bahn:** Linie Stuttgart–München, Bhf. Geislingen.
Einkehr: In Geislingen zahlreiche Gastronomiebetriebe; in Eybach Landgasthof Ochsen (Ruhetag Fr); in Weiler u. a. Gasthaus Burgstüble (Ruhetag So); Helfenstein-Burgschänke (nur Sa, So, feiertags).
Unterkunft: In Geislingen u. a. Hotel Krone (Tel. 07331/6 10 71-74).
Tourist-Info: Schillerstr. 2, 73312 Geislingen/Steige, Tel. 07331/24-2 66, Fax 24-2 76, Internet www. geislingen.de.

28 Hohenstaufen und Hohenrechberg

Etappen: Ottenbach – Burgruine Hohenstaufen – Burgruine Hohenrechberg – Rechberg – Ottenbach

mittel

16 km

4 ½ Std.

↑ 460 m ↓ 460 m

ab 10

Ausgangspunkt: Ottenbach (Krs. Göppingen).
Endpunkt: Wie Ausgangspunkt.
Wanderkarte: LVA B-W-Freizeitkarte 521 (Göppingen), 1 : 50 000.
Markierung: Blauer Punkt, roter Balken, rotes Kreuz, blauer Balken.
Verkehrsanbindung: PKW: B 10, Göppingen–Ulm, bis Salach und abbiegen nach Ottenbach; im Ort nach rechts zum Parkplatz am Sportgelände. **Bus:** Linie Göppingen–Ottenbach, Haltestelle Hauptstraße-Krone.

Einkehr: Gaststätten in Ottenbach, Hohenstaufen und Rechberg; Kiosk in Burgruine Hohenstaufen; Burgschänke Hohenrechberg (Ruhetag Mo); Gasthof bei der Wallfahrtskirche.
Unterkunft: In Hohenstaufen u. a. Panorama-Hotel Honey-Do (Tel. 07165/91 09 10) und Jugendherberge (Tel. 07165/4 38).
Tourist-Info: Hauptstr. 173033 Göppingen, Tel. 07161/6 50-2 92, Fax 6 50-2 99, Internet www.goeppingen.de.

Der Rechberg mit Burgruine Hohenrechbeg

29 Über das Kalte Feld

Etappen: Lauterstein-Nenningen – Kaltes Feld – Reiterles Kapelle – Christental – Nenningen

- mittel
- 11 km
- 3 Std.
- ↑ 410 m ↓ 410 m
- ab 10

Wandern kompakt SCHWÄBISCHE ALB
Bruckmann

Ausgangspunkt: Nenningen, Ortsteil von Lauterstein.
Endpunkt: Wie Ausgangspunkt.
Wanderkarte: LVA B-W-Freizeitkarte 521 (Göppingen), 1 : 50 000.
Markierung: Blauer Balken, rotes Kreuz, blauer Punkt; letzter Abschnitt ohne Markierung.
Verkehrsanbindung: B 10, Göppingen–Ulm, nach Süßen und B 466 über Donzdorf nach Lauterstein-Nenningen; Parkplatz am Ortsbeginn bei der Friedhofskapelle.
Einkehr: Gaststätte in Nenningen; Albvereins-Wanderheim Franz-Keller-Haus (Sa/So und feiertags); Landgasthof Heldenberg (Ruhetag Di).
Unterkunft: Bei Nenningen Landgasthof Heldenberg (Tel. 07332/66 61); AV-Wanderheim Franz-Keller-Haus (nur nach Voranmeldung, Tel. 07171/8 20 13).
Tourist-Info: Stadtverwaltung, 73111 Lauterstein, Tel. 0 73 32/96 69-0, Fax 96 69 27, Internet www.lauterstein.de.

30 Die Berghalbinsel Rosenstein

Etappen: Heubach – Ostfels – Große Scheuer – Burgruine Rosenstein – Heubach

- leicht
- 5,5 km
- 2 Std.
- ↑ 220 m ↓ 220 m
- ja

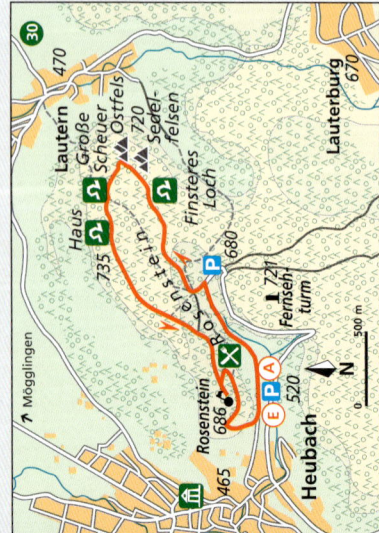

Wandern kompakt SCHWÄBISCHE ALB
Bruckmann

Ausgangspunkt: Heubach, am Nordrand des Albuchs.
Endpunkt: Wie Ausgangspunkt.
Wanderkarte: LVA B-W-Freizeitkarte 521 (Göppingen), 1 : 50 000.
Markierung: Rote Gabel, rotes Dreieck.
Verkehrsanbindung: Pkw: B 29, Schwäbisch Gmünd-Aalen; in Böbingen abbiegen nach Heubach, durch die Stadt in Richtung Bartholomä und am Fabrikgebäude links abbiegen (Ausschilderung: Wanderparkplatz, Rosenstein); 700 m zu Parkplatz.
Bus: Linie Schwäbisch Gmünd(Aalen, in Heubach Haltestelle Marktplatz.
Einkehr: Waldschenke Rosenstein (Ruhetag Do, Nov.–April Ruhetag Mo, Di, Do, Fr).
Unterkunft: In Heubach u. a. Deutscher Kaiser (Tel. 07173/87 08).
Tourist-Info: Touristikgemeinschaft Sagenhafter Albuch, Hauptstr., 73540 Heubach, Tel. 07173/181 53, Fax 18154, Internet www.albuch.de

31 Durch das Wental

Etappen: Parkplatz Hirschtal – Bibersohl – Felsenmeer – Wental – Parkplatz

○ leicht

🥾 14 km

🧭 3 ½ Std.

▲ ↑ 130 m ↓ 130 m

☺ ja

Ausgangspunkt: Wanderparkplatz Hirschtal bei Steinheim am Albuch.
Endpunkt: Wie Ausgangspunkt.
Wanderkarte: LVA B-W-Freizeitkarte 522 (Aalen), 1 : 50 000.
Markierung: Gelbe Gabel, ein Abschnitt ohne Markierung (Orientierung einfach), Holztäfelchen mit Ziffern, gelbes Dreieck.
Verkehrsanbindung: PKW: Von der B 466, Heidenheim-Bömenkirch, bei Sontheim i. Stubental abbiegen

nach Steinheim a. Albuch; in Steinheim links in Richtung Gnannenweiler, kurz nach Ortsende rechts 1 km zum Parkplatz Hirschtal. **Bus:** Linie Heidenheim–Steinheim, Haltestelle Hirschtal.
Einkehr: Landhotel im Wental (Ruhetag Mo).
Unterkunft: In Steinheim u. a. Gasthaus Zum Kreuz (Tel. 07329/9 61 50).
Tourist-Info: 89522 Steinheim am Albuch, Tel. 07329/96 06-56, Fax 96 06-70, Internet www.steinheim.com.

Das Felsenmeer im Wental

Wandern kompakt SCHWÄBISCHE ALB
Bruckmann

32 Durch das Eselsburger Tal

Etappen: Herbrechtingen – Anhausen – Ruine Falkenstein – Eselsburg – Herbrechtingen

○	leicht
🏃 km	11 km
🕐	3 Std.
▲	↑ 180 m ↓ 180 m
☺	ja

Die beiden versteinerten Jungfrauen

Ausgangspunkt: Herbrechtingen, Kleinstadt im Brenztal.
Endpunkt: Wie Ausgangspunkt.
Wanderkarte: LVA B-W-Freizeitkarte 525 (Ulm), 1 : 50 000.
Markierung: Rote Gabel, rote Raute, roter Balken; einige Abschnitte ohne Markierung.
Verkehrsanbindung: PKW: A 7, Würzburg–Ulm, Ausfahrt Giengen / Herbrechtingen; B 19 nach Herbrechtingen; im Ort an Ampelkreuzung nach links, dann rechts abbiegen zu Parkplatz bei Festplatz / Hallenbad. **Bahn:** Linie Ulm–Heidenheim, Haltestelle Herbrechtingen.
Einkehr: Gasthäuser in Herbrechtingen; Gasthof in Anhausen; Talschänke in Eselsburg (geöffnet Di–Fr ab 14 Uhr, Sa/So ab 10 Uhr).
Unterkunft: In Herbrechtingen u. a. Hotel Grüner Baum (Tel. 07324/95 40).
Tourist-Info: Stadtverwaltung, Lange Str. 58, 89452 Herbrechtingen, Tel. 07324/9 55-0, Internet www.herbrechtigen.de.

33 Durch das Lonetal

Etappen: Parkplatz im Lonetal – Vogelherdhöhle – Stetten ob Lontal – Lindenau – Hohlenstein – Parkplatz

○	leicht
🥾 km	10,5 km
⏱	2 ¾ Std.
⛰	↑ 100 m ↓ 100 m
☺	ja

Wandern kompakt SCHWÄBISCHE ALB
Bruckmann

Ausgangspunkt: Wanderparkplatz im Lonetal an der Straße Bissingen–Stetten im Lontal.
Endpunkt: Wie Ausgangspunkt.
Wanderkarte: LVA B-W-Freizeitkarte 525 (Ulm), 1 : 50 000.
Markierung: Erster Abschnitt ohne Markierung; rotes Dreieck, rote Gabel, roter Balken.
Verkehrsanbindung: A 7 Würzburg– Ulm, Ausfahrt Niederstotzingen; Landstraße in Richtung Niederstotzingen; Wanderparkplatz im Lonetal, zwischen Bissingen und Stetten ob Lontal.
Einkehr: Gasthof Adler in Stetten ob Lontal (Di–Sa ab 17.30, So ab 11 Uhr); Wirtschaft Im Schlössle in Lindenau (Ruhetag Mo, Mitte Okt.–Ende April auch Di).
Unterkunft: Gasthof Adler in Stetten ob Lontal (Tel. 07325/91 90 90).
Tourist-Info: Stadtverwaltung, Lange Str. 58, 89452 Herbrechtingen, Tel. 07324/9 55-0, Internet www.herbrechtingen.de.

34 Auf dem Rand des Nördlinger Ries

Etappen: Ederheim – Ofnethöhlen – Christgarten im Karthäusertal – Hürnheim – Ederheim

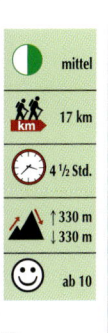

◐	mittel
🥾 km	17 km
⏱	4 ½ Std.
⛰	↑ 330 m ↓ 330 m
☺	ab 10

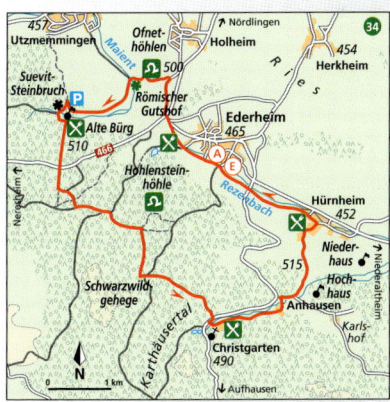

Wandern kompakt SCHWÄBISCHE ALB
Bruckmann

Ausgangspunkt: Ederheim, 5 km südwestlich von Nördlingen.
Endpunkt: Wie Ausgangspunkt.
Wanderkarte: LVA B-W-Freizeitkarte 522 (Ellwangen), 1 : 50 000.
Markierung: Blaue Raute, blau-weiße und rot-weiße Querbalken, rotes Dreieck, blaues Dreieck.
Verkehrsanbindung: PKW: B 466, Nördlingen–Neresheim–Heidenheim; 5 km südwestlich von Nördlingen abbiegen nach Ederheim; im Ort nach rechts zum Parkplatz am Sportgelände. **Bahn:** Linie Aalen–Nördlingen. **Bus:** Linie Nördlingen–Ederheim–Amerdingen, nur werktags.
Einkehr: Thalmühle Ederheim; Waldschänke Alte Bürg (Ruhetag Di); Gasthof in Christgarten (Ruhetag Mi), Gh. Sonne in Hürnheim z.Zt.geschlossen.
Unterkunft: In Christgarten Gasthaus zum Schwan (Tel. 09081/36 70).
Tourist-Info: Touristikverein Ries-Ostalb, Marktplatz 1, 73441 Bopfingen, Tel. 07362/8 01 22, Fax 8 01 50, www.bopfingen.de

35 Vom Ipf zum Schloss Baldern

Etappen: Bopfingen – Ipf – Schloss Baldern – Bopfingen

mittel	
18 km	
5 Std.	
↑ 550 m ↓ 550 m	
ab 13	

Ausgangspunkt: Bopfingen, am Nordost-Rand der Alb.
Endpunkt: Wie Ausgangspunkt.
Wanderkarte: LVA B-W-Freizeitkarte 522 (Ellwangen), 1 : 50 000.
Markierung: Rote Gabel; zwei Abschnitte ohne Markierung.
Verkehrsanbindung: PKW: A 7 Würzburg–Ulm, Ausfahrt Aalen/Westhausen; B 29 nach Bopfingen; im Ort nach links (Ausschilderung: Klinik am Ipf) zu Parkplatz am Flüsschen Sechta. **Bahn:** Linie Aalen-Donauwörth.
Einkehr: Gaststätten in Bopfingen und Oberdorf; im Schloss Baldern eine Schänke im ehemaligen Marstall.
Unterkunft: In Bopfingen u. a. Sonnenwirt (Tel. 07362/9 60 60).
Tourist-Info: Marktplatz 1, 73441 Bopfingen, Tel. 07362/8 01 22, Fax 8 01 50, Internet www.bopfingen.de.

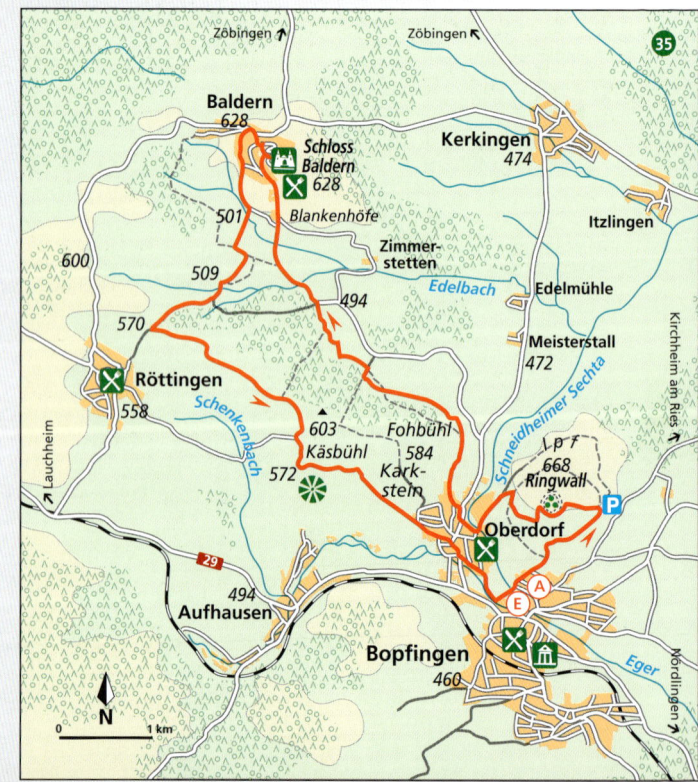